SANTO AFONSO DE LIGÓRIO

UMA ESTRADA DE SALVAÇÃO

Para quem quer progredir no amor de Deus

DIREÇÃO EDITORIAL:
Pe. Flávio Cavalca de Castro, C.Ss.R.
Pe. Carlos Eduardo Catalfo, C.Ss.R.

COORDENAÇÃO EDITORIAL:
Elizabeth dos Santos Reis

TRADUÇÃO:
Pe. Afonso Paschotte, C.Ss.R.

REVISÃO:
Cristina Nunes

DIAGRAMAÇÃO:
Bruno Olivoto

CAPA:
Felipe Marcondes

Título original: *Via della salute – Parte seconda:*
Riflessioni divote sopra diversi punti di Spirito a pro delle anime che desiderano avanzarsi nel divino amore

Dados Internacionais de Catalogação na Publicação (CIP)
(Câmara Brasileira do Livro, SP, Brasil)

Afonso Maria de Ligório, Santo, 1696-1787.
Uma estrada de salvação: Para quem quer progredir no amor de Deus / Santo Afonso Maria de Ligório; tradução de Afonso Paschotte. – Aparecida, SP: Editora Santuário, 2002. (Coleção Escritos de Santo Afonso, 2)

Título original: *Riflessioni divote sopra diversi punti di Spirito a pro delle anime che desiderano avanzarsi nel divino amore*
ISBN 85-7200-768-7
ISBN 978-65-5527-142-3 (e-book)

1. Deus – Amor e adoração 2. Espiritualidade 3. Eternidade 4. Morte – aspectos religiosos 5. Oração 6. Salvação I. Título II. Série

01-5421   CDD-242

Índices para catálogo sistemático:
1. Reflexões devotas: Temas espirituais: Cristianismo 242

8ª impressão

Todos os direitos reservados à **EDITORA SANTUÁRIO** – 2023

Rua Pe. Claro Monteiro, 342 – 12570-045 – Aparecida-SP
Tel.: 12 3104-2000 – Televendas: 0800 - 016 00 04
www.editorasantuario.com.br
vendas@editorasantuario.com.br

INTRODUÇÃO

Santo Afonso de Ligório (1696-1787), fundador dos missionários redentoristas, Doutor da Igreja, foi autor de muitíssimas obras de Teologia e de Espiritualidade que ainda continuam sendo publicadas.

A presente obra foi publicada pela primeira vez lá por 1773, com o título *"Riflessioni divote sopra diversi punti di spirito a pro delle anime che desiderano avanzarsi nel divino amore"* (*"Reflexões devotas sobre alguns temas espirituais para ajuda das almas que desejam progredir no amor de Deus"*). Nessa primeira edição o texto foi publicado com outros dois num só volume intitulado "Riflessioni divote sopra diversi soggeti spirituali, esposti alle anime divote".

Numa carta de 31 de janeiro de 1773, Afonso fala da obra como sendo "uma coletânea de piedosos e devotos pensamentos à moda dos pensamentos e dos assuntos de Tomás de Kempis". Segundo dom Guéranger, nessa obra temos a alma do santo que "fala repetidamente de morte e de eternidade, mas da morte do justo e da eternidade feliz. Nenhuma outra obra de Afonso de Ligório revela-nos tão bem a imagem de sua alma" (MAURICE DE MEULEMEESTER, *Biblio-*

3

graphie générale des écrivains rédemptoristes, Louvain 1933, p. 155).

O texto, pois, produzido por Afonso aos 77 anos, quase se poderia considerar como seu testamento espiritual, síntese de seus ensinamentos. Imerecidamente a obra acabou ficando meio esquecida entre as muitas outras do santo doutor. Pelo que sabemos, nunca foi publicada em português. A tradução foi feita a partir da edição Marietti, *Opere Ascetiche di S. Alfonso Maria de Liguori (8 volumes),* Torino, 1846, volume II, p. 249 a 316. Ali o texto foi publicado como segunda parte de "*Via della Salute*", "*Estrada da Salvação*", que adotamos como título para esta nossa edição.

Fl. Castro

1

O pensamento da eternidade

Santo Agostinho dizia que o pensamento da eternidade é o grande pensamento. Ele levou os santos a pensar que todos os tesouros e grandezas desta terra não eram senão palha, lama, fumaça e esterco. Fez também com que muitos anacoretas adentrassem pelos desertos e grutas e tantos jovens nobres e até mesmo reis e imperadores se fechassem num claustro. Ele deu coragem a tantos mártires para suportar tantas formas de martírio e até a morte pelo fogo.

Deus não nos criou para este mundo, mas para que, com nossas boas obras, mereçamos a vida eterna: *"Tendes por fruto a santidade e, por fim, a vida eterna"* (Rm 6,22). Por isso, dizia Santo Euquério, nossa única preocupação neste mundo é a eternidade, isto é, ganhar a eternidade feliz e evitar a infeliz: *aquilo pela qual lutamos é a vida eterna.* Se assegurarmos isso, seremos sempre felizes; se a deixarmos perder, sempre infelizes.

Feliz é quem vive sempre à luz da eternidade, com a viva fé de que, em breve, há de morrer e nela entrar! *O justo vive da fé* (Gl 3,11). A fé é o que faz com que os justos vivam na graça de Deus e o que dá vida às almas, desprendendo--as dos afetos terrenos e recordando-lhes os bens eternos que Deus propõe àqueles que o amam.

Dizia Santa Teresa que todos os pecados têm sua origem na falta de fé. Por isso para vencer as paixões e as tentações é preciso que sempre reavivemos a fé, dizendo: *creio na vida eterna,* creio que após esta vida, que logo passará, existe a vida eterna, repleta de alegria ou de sofrimento, de acordo com nossos méritos ou deméritos.

Santo Agostinho dizia que quem crê na eternidade e não se converte a Deus perdeu o juízo ou a fé: *"Ó eternidade* (são palavras suas)*, quem em ti pensa e não se arrepende ou não tem fé ou se a tem, não tem coração".* A este respeito conta São João Crisóstomo que os pagãos, quando viam os cristãos caírem em pecado, chamavam--nos de mentirosos ou de loucos: se vós (diziam eles) não credes naquilo que dizem crer, sois mentirosos; se, no entanto, credes na eternidade e pecais, sois loucos. Ai dos pecadores (exclama São Cesáreo) que entram na eternidade, desconhecendo-a, por não terem querido pensar nela. E depois acrescenta: Miseráveis! A estes a porta do inferno se abre só para entrarem, não para saírem.

Santa Teresa dizia a suas discípulas: *filhas, uma alma, uma eternidade!* Queria dizer: filhas, temos uma única alma; perdida esta, tudo perdido. Em síntese, daquele último suspiro, na hora da morte, depende sermos para sempre felizes ou infelizes eternamente. Se a eternidade da outra vida, o paraíso, o inferno fossem meras opiniões dos sábios e coisas duvidosas, mesmo assim deveríamos ter todo o cuidado para viver bem e não nos colocarmos em perigo de perder a alma para sempre; não são, porém, coisas duvidosas, mas certas, coisas de fé, muito mais certas do que o que vemos com os olhos da carne.

Peçamos, portanto, ao Senhor que aumente nossa fé: *Senhor, aumentai nossa fé!* Porque, se não formos fortes na fé, nós nos tornaremos piores que Lutero e Calvino. Ao contrário, um pensamento com fé viva sobre a eternidade que nos espera pode fazer-nos santos.

Escreve São Gregório que aqueles que pensam na eternidade não se orgulham nas coisas prósperas e nem se abatem nas coisas adversas; pois, nada desejando deste mundo, nada temem.

Quando nos toca sofrer alguma enfermidade ou perseguição, recordemo-nos do inferno que, com nossas culpas, temos merecido. Assim fazendo, toda cruz parecerá leve e agradeceremos o Senhor, dizendo: *"Devido à misericórdia do*

Senhor não fomos consumidos" (Lm 3,22). Digamos com Davi: se Deus não tivesse tido piedade de mim, já me encontraria no inferno desde aquele primeiro momento em que o ofendi com o pecado grave: *"Se o Senhor não tivesse me auxiliado, eu já habitaria no silêncio"* (Sl 93,17). Eu, por mim mesmo, já estava perdido: ó Deus de misericórdia, fostes vós que me estendestes a mão e me tirastes para fora do inferno: *"Preservastes minha vida da fossa da destruição"* (Is 38,17).

> Meu Deus, vós já sabeis quantas vezes mereci o inferno; mas apesar disto, vós me pedis que espere e quero esperar. Meus pecados me espantam, mas vossa morte e vossa promessa de perdão a quem se arrepende me dão ânimo: "um coração contrito e humilhado, tu, ó Deus, não rejeitas!" (Sl 50,19). No passado eu vos desprezei, agora, porém, eu vos amo sobre todas as coisas e arrependo-me ter-vos ofendido. Meu Jesus, tende piedade de mim! Maria, mãe de Deus, intercedei por mim!

2

Somos peregrinos sobre a terra

Enquanto nesta vida, somos todos peregrinos. Vagamos por esta terra, longe de nossa pátria, o céu, onde o Senhor nos espera para gozarmos eternamente de sua bela face: *"O tempo em que passamos no corpo,* escreve o apóstolo, *é um exílio distante do Senhor"* (2Cor 5,6). Se, pois, amamos a Deus, devemos ter um desejo contínuo de sair deste exílio, separando-nos do corpo para ir vê-lo. Isto era o que São Paulo sempre desejava: *"Estamos, repito, cheios de confiança, preferindo ausentar-nos do corpo para morar junto do Senhor"* (2 Cor 5,8). Antes da comum redenção o caminho para Deus estava fechado para nós, míseros filhos de Adão, mas Jesus Cristo, com sua morte, nos obteve a graça de podermos nos tornar filhos de Deus (*deu-lhes o poder de se tornarem filhos de Deus)* e assim abriu para nós as portas pela qual podemos ter acesso, como filhos, a Deus nosso Pai: *"Porquanto é por ele que nós temos acesso junto ao Pai num mesmo Espírito"* (Ef 2,18).

Diz ainda o mesmo Apóstolo: *"Assim já não sois estrangeiros e hóspedes mas concidadãos dos santos e membros da família de Deus"* (Ef 2,19).

Assim, estando nós na graça de Deus, já gozamos da cidadania do paraíso e pertencemos à família de Deus. Diz Santo Agostinho que nossa natureza nos gera como cidadãos da terra e vasos da ira; mas a graça do Redentor, libertando-nos do pecado, nos gera como cidadãos do céu e vasos da misericórdia[1].

Isto levava o salmista Davi dizer: *"Sou um peregrino na terra: não me ocultes teus mandamentos!"* (Sl 118,19). Senhor, sou peregrino nesta terra: ensinai-me a observar vossos mandamentos que são o caminho para alcançar minha pátria, o céu. Não é de se admirar que os maus queiram viver sempre neste mundo; de fato eles temem passar das penas deste mundo às penas eternas e bem mais terríveis do inferno; mas quem ama a Deus e tem uma certeza moral de estar em sua graça, como pode desejar continuar vivendo neste vale de lágrimas, em contínuas amarguras, angústias de consciência e perigos de condenação? E como pode não desejar senão em ir unir-se a Deus na eternidade feliz, onde não há

---

[1] "Cives terrenae civitatis parit peccato vitiata natura, qui sunt vasa irae; cives vero coelestis patriae parit a peccato naturam liberans gratia, qui sunt vasa misericordiae": *Sent.*, n. 156.

mais perigo de perdê-lo? Oh! como tais almas enamoradas de Deus, vivendo aqui embaixo, suspiram continuamente e exclamam com Davi: *"Infeliz de mim, como que desterrado em Mosoc, ou morando entre as tendas de Cedar! Por demais minha alma ficou morando entre aqueles que odeiam a paz"* (Sl 119,5-6). Pobre daquele que deve continuar vivendo muito tempo neste mundo, cercado de tantos perigos de condenação! Por isso os santos sempre tiveram em suas bocas esta oração: *venha vosso reino!* Depressa, Senhor, depressa, conduzi-nos a vosso reino!

Apressemo-nos, pois, como nos exorta o apóstolo, a entrar naquela pátria onde encontraremos uma perfeita paz e contentamento: *"Esforcemo-nos entrar neste descanso"* (Hb 4,11). Apressemo-nos (digo) com o desejo e não cessemos de caminhar até a posse daquele porto feliz que Deus prepara àqueles que o amam.

Escreve São João Crisóstomo que quem corre no páreo não dá atenção a quem o observa, mas ao prêmio que deseja; e não para; antes, quanto mais se aproxima do prêmio, tanto mais corre[2]. Donde conclui o santo que quanto mais vivermos, tanto mais devemos apressar-nos com boas obras na conquista do prêmio.

---

[2] "Qui currit non ad spectatores, sed ad palmam tendit; non consistit sed cursum intendit": *Moralia,* hom. 7.

Assim a única oração que nos dá ânimo nas angústias e amarguras desta vida deve ser esta: *venha vosso reino!:* Senhor, venha logo vosso reino, onde unidos eternamente convosco, amando-vos face a face, com todas as nossas forças, não teremos mais medo e nem perigo de perder-vos.

E quando nos encontrarmos aflitos pelos trabalhos e desprezos deste mundo, consolemo-nos com a grande recompensa que Deus prepara a quem sofre seu amor: *"Alegrai-vos neste dia e exultai que grande será a recompensa no céu"* (Lc 6,23).

Diz São Cipriano que o Senhor, com muita razão, quer que nos alegremos nos trabalhos e perseguições, porque aí se provam os verdadeiros soldados de Deus e se distribuem as coroas aos fiéis[3].

> Eis, meu Deus, meu coração está preparado, eis-me preparado para toda cruz que vós me dareis. Não desejo delícias e prazeres nesta vida; não merece prazeres quem vos ofendeu e mereceu o inferno. Estou preparado para sofrer todas as enfermidades e infortúnios que me mandais: estou pronto para abraçar todos os desprezos dos homens; fico contente se quiserdes me privar de todos o consolo corporal e espiritual; basta que não me priveis de vossa presença e que sempre vos ame. Não mereço isto, mas espero-o daquele sangue que por mim derramastes. Eu vos amo, meu Deus, meu amor, meu tudo. Viverei eternamente e eternamente vos amarei como espero e meu paraíso será gozar de vosso júbilo infinito que vós bem mereceis por vossa infinita bondade.

---

[3] "Gaudere et exultare nos voluit in persecutione Dominus, quia tunc dantur coronae fidei, tunc probantur milites Dei": *Epist.6, Ad Tibaritam.*

3

Deus merece ser amado sobre todas as coisas

Diz Santa Teresa que Deus faz um grande favor a uma alma quando a atrai a seu amor. Amemo-lo, pois, nós que somos atraídos a este amor e amemo-lo como ele quer ser amado: *"Ama o Senhor teu Deus de todo o teu coração"*. O venerável Luiz da Ponte ficava envergonhado quando dizia: Senhor, eu vos amo sobre todas as coisas; eu vos amo acima de todas as criaturas, mais do que todas as riquezas, honras e prazeres terrenos; parecendo dizer, com tais palavras: meu Deus, eu vos amo mais que a palha, que as coisas passageiras, mais que o lodo.

Deus, porém, contenta-se quando o amamos sobre todas as coisas. Então pelo menos digamos: sim, Senhor, eu vos amo mais do que todas as honras deste mundo, mais do que todas as riquezas, familiares e amigos; mais do que toda a santidade, mais do que minha glória e todas as ciências, do que todas as minhas consolações; amo-vos, enfim, mais do que todas as minhas coisas, mais do que a mim mesmo.

Digamo-lhe ainda: Senhor, eu estimo vossas graças e vossos dons; mas, mais do que todos os vossos dons, amo a vós que sois a bondade infinita e um bem infinitamente amável, que supera todo outro bem.

E por isso, meu Deus, qualquer coisa que me derdes fora de vós e que não seja vós mesmo, não me basta; e se me derdes a vós mesmo, só vós me bastais. Outros procurem aquilo que quiserem, eu, porém, não quero outra coisa senão a vós, meu amor, meu tudo. Só em vós eu encontro tudo quanto posso buscar e desejar.

Dizia a sagrada esposa que dentre todas as coisas escolhera amar seu dileto: *"Meu amado é branco e corado, inconfundível entre milhares"* (Ct 5,10). E nós, quem escolheremos para amar? Dentre todos os amigos deste mundo, onde poderemos encontrar alguém mais amável e mais fiel do que Deus, alguém que nos tenha amado mais do que Ele? Rezemos, portanto, e rezemos sempre: Senhor, atraí-me para vós. Se não o fizerdes, eu não poderei ir até vós.

> Ah! Meu Senhor e Salvador, quando será que eu, despojado de todo outro afeto, não aspire e nem busque outro senão a Vós? Gostaria de despojar-me de tudo, mas muitas vezes certos afetos inoportunos me desviam de vós e invadem meu coração. Desprendei-me com vossa mão poderosa e fazei-vos o único objeto de todo o meu amor e de todos os meus pensamentos.

Diz Santo Agostinho que quem tem Deus tem tudo; quem não o tem, nada tem. A que serve um rico ter mais e mais tesouros de ouro e de pedras preciosas, se está sem Deus? Que adianta a um monarca ter muitos reinos, se não tem a graça de Deus? O que adianta a um letrado saber muitas ciências e muitas línguas, se não sabe amar seu Deus? O que adianta a um general o comando de todo um exército, se vive escravo do demônio e distante de Deus? Davi, quando rei, mas em pecado, andava por seus jardins, ia a suas caças e a outros divertimentos; parecia, porém, que aquelas criaturas diziam-lhe: *"Teu Deus onde está?* Tu queres encontrar em nós teu contentamento? Vai, procura Deus que deixaste, que só Ele pode te contentar". E por isso confessava ele que em meio a todas as suas delícias não encontrava paz e chorava noite e dia ao pensar que estava sem Deus: *"As lágrimas são meu pão, dia e noite, enquanto me repetem todo dia: "Onde está o teu Deus?"* (Sl 41,4). Em meio às misérias e trabalhos deste mundo quem melhor que Jesus Cristo para consolar-nos? Por isso Ele diz: *"Vinde a mim, todos vós, fatigados e sobrecarregados e eu vos aliviarei"* (Mt 11,28). Ó loucura dos mundanos! É de maior consolo uma lágrima derramada pela dor dos próprios pecados, vale mais um *meu Deus* dito com amor por uma alma que está em graça, do que mil festins, mil comédias, mil banquetes, para contentar um coração amante do mundo. Repito, ó loucura! Loucura que não mais poderá ser remediada, quando

15

vier a morte, na qual se faz noite, como diz o Evangelho: *"Virá a noite quando ninguém mais pode trabalhar"* (Jo 9,4). Portanto, o Senhor nos aconselha a caminhar enquanto temos luz; e que, se vier a noite, não poderemos fazer mais nada: *"Caminhai enquanto tendes luz, para que não vos surpreendam as trevas"* (Jo 12,35).

Seja Deus, pois, todo nosso tesouro, todo o nosso amor. E todo o nosso desejo seja fazer a vontade de Deus, que não se deixa vencer pelo amor; ele recompensa cem por cento cada coisa que se faz para agradá-lo.

> Calai-vos, mundo iníquo!
> Não mais busqueis em mim nem estima, nem amor:
> meu coração se prendeu a Alguém
> Mais fiel e mais amável do que vós[4].

Ah! meu Deus e todo o meu bem, sede vós o objeto dominante de minha alma; e assim como eu vos prefiro no amor a todas as coisas, assim fazei que em todas as coisas eu prefira vossa vontade a todo o meu prazer. Meu Jesus, espero, por vosso sangue, na vida que me resta, não amar ninguém a não ser vós, para um dia vos possuir eternamente no reino dos bem-aventurados. Virgem Santíssima, socorrei-me com vossas poderosas súplicas e levai-me a beijar vossos pés no paraíso.

---

[4] *Canzoncine spirituali,* in *Opere ascetiche,* vol.I, Giacinto Marietti, (Edição estereotipada), Torino 1845, p. 527-536.

4

Para tornar-se santa uma alma necessita dar-se inteiramente a Deus

D izia São Felipe Néri que a quantidade de amor que nós colocamos nas criaturas esta mesma quantidade tiramos de Deus, e por isso o nosso Salvador, como escreve São Jerônimo, tem ciúmes de nosso coração. Porque muito nos ama, quer ser o único a nele reinar, não admitindo concorrentes que roubem parte daquele amor que quer todo para si; por isso lhe desagrada ver-nos agarrados a algum afeto que não seja para ele. Estaria exigindo muito o nosso Salvador, Ele que derramou seu sangue e deu sua vida por nós numa cruz? Não merece então todo o nosso amor?

Diz São João da Cruz que o apego às criaturas impede que sejamos todo de Deus: *"Quem me dera asas de pomba para voar e encontrar um abrigo!"* (Sl 54,7). Certas almas são chamadas por Deus para se tornarem santas. Mas porque vão com reserva, conservando algum afeto a coisas da terra, não se fazem e jamais se farão santas. Gostariam de voar, mas porque

17

estão presas a algum apego, não conseguem e permanecem sempre na terra. É preciso, pois, desprender-se de tudo. Toda amarra, seja grande ou pequena, diz São João da Cruz, impede a alma de voar até Deus.

Santa Gertrudes pediu um dia ao Senhor que a fizesse conhecer o que queria dela. Ele respondeu: Eu só quero de ti um coração vazio. Era isto que Davi buscava em Deus: *"Ó Deus, cria em mim um coração puro!"* Meu Deus, dai-me um coração limpo, isto é, vazio, despojado de todo afeto mundano.

Tomás de Kempis escreveu que é preciso dar tudo para conquistar tudo. Para possuir Deus totalmente é preciso deixar tudo aquilo que não é de Deus. Então, sim, a alma poderá dizer ao Senhor: meu Jesus, eu deixei tudo por vós, dai-vos agora todo a mim.

Para conseguir isso é preciso pedir sempre que Deus nos encha de seu amor. O amor é aquele fogo potente que queima em nosso coração todos os afetos que não são para Deus. Dizia São Francisco de Sales que quando a casa pega fogo jogam-se pela janela todas as coisas que aí estão. Queria dizer que quando um coração pega fogo e o divino amor toma posse dele, a pessoa não precisa de orações e de diretores espirituais para desapegar-se do mundo. O próprio amor de Deus queimará e desapegará o coração de todo afeto impuro.

O Cântico dos Cânticos apresenta a santa caridade sob o símbolo da adega: *"Levou-me ele à adega e contra mim desfralda sua bandeira de amor"* (Ct 2,4). Nesta adega bendita as almas esposas de Jesus Cristo, inebriadas do vinho de seu amor, perdem os sentidos para as coisas do mundo e não querem senão a Deus, não buscam senão a Ele em todas as coisas, só dele falam e só dele querem ouvir falar. E quando ouvem outros que falam de riquezas, de dignidade, de diversões, voltam-se para Deus, dizendo-lhe com um suspiro ardente: *Meu Deus, meu tudo!* Meu Deus, que mundo, que prazeres, que honras! Vós sois todo o meu bem, todo o meu contentamento.

Falando da oração de união, Santa Teresa escreve dizendo que ela consiste em morrer para todos os objetos do mundo para possuir só a Deus.

Para que uma alma se dê totalmente a Deus, três são os meios principais: 1) fugir de todos os defeitos, mesmos os mínimos, vencendo toda mínima vontade desordenada, abstendo-se da curiosidade de ver e ouvir, daqueles pequenos gostos sensíveis, da palavra tola e inútil e coisas semelhantes. 2) Dentre as coisas boas, escolher sempre a melhor, aquela que mais agrada a Deus. 3) Aceitar das mãos divinas, na paz e no agradecimento, as coisas que não satisfazem ao nosso amor próprio.

Meu Jesus, meu amor, meu tudo, como posso ver-vos morto num infame patíbulo, desprezado de todos e consumado pelas dores, e ainda buscar prazer e glórias terrenas? Quero ser todo vosso. Esquecei-vos dos desgostos que vos dei e aceitai-me. Fazei-me conhecer do que devo despojar-me e o que devo fazer para agradar-vos, que eu quero fazê-lo inteiramente. Dai-me a força de realizá-lo e de vos ser fiel. Meu amado Redentor, vós desejais que eu me dê inteiramente a vós para unir-me totalmente a vosso coração. Eis-me aqui! Neste dia eu me dou todo a vós, sem reserva alguma; de vós espero a graça de vos ser fiel até a morte. Ó mãe de Deus e minha mãe Maria, pedi-me a santa perseverança.

5

Os dois grandes meios de santificação: desejo e resolução

Toda a santidade consiste em amar a Deus: o amor divino é aquele tesouro infinito pelo qual participamos da amizade de Deus: *"É tesouro inesgotável para os homens; aqueles que o adquirem, obtêm a amizade de Deus"* (Sb 7,14, Vulgata). Deus está pronto para nos dar este tesouro de seu amor, mas quer que nós o desejemos muito. Quem pouco deseja algum bem pouco luta para conquistá-lo. Diz São Lourenço Justiniano que um grande desejo atenua a pena e confere forças.

E assim, quem pouco aspira progredir no amor divino, em vez de afervorar-se na perfeição, caminhará sempre se arrefecendo cada vez mais. Continuando assim, estará em grande perigo de cair, enfim, em algum precipício. Ao contrário, quem aspira com avidez a perfeição e se esforça todo dia em caminhar, com o tempo a alcançará. Dizia Santa Teresa: *Deus faz muitos favores, àquele que deseja ardentemente seu amor.* E noutro lugar: *Deus não deixa sem recompensa nenhum bom desejo.* Por isso a santa exortava a todos a não enfraquecer os desejos. Dizia que, *confiando em Deus e esforçando-nos, pouco a pouco poderemos chegar onde chegaram os santos.*

21

É um engano do demônio (conforme o sentimento da mesma santa) pensar que seja orgulho desejar fazer-se santo. Seriam soberba e presunção se confiássemos em nossas obras ou em nossos propósitos; não, porém, se esperamos tudo de Deus; esperando tudo de Deus, Ele nos dará a força que nos falta. Desejemos, pois, vivamente, chegar a um sublime grau de amor divino e digamos com coragem: *"Tudo posso naquele que me dá força"* (Fl 4,13). E se não existir em nós este grande desejo, pelo menos o busquemos insistentemente junto a Jesus Cristo que Ele no-lo dará.

Passemos agora ao segundo meio: a resolução. Os bons desejos devem ser acompanhados do ânimo resoluto em nos esforçar para conquistar o bem desejado. Muitos desejam a perfeição, mas nunca se agarram aos meios: aspiram ir a um deserto, fazer grandes penitências, grandes orações, suportar o martírio; tais desejos, no entanto, reduzem-se a meras veleidades que, em vez de ajudar, causam-lhes mais prejuízo. Estes são aqueles desejos que matam o preguiçoso: *"Os desejos do preguiçoso causam-lhe a morte pois suas mãos recusam a trabalhar"* (Pr 21,25). Enquanto fica ruminando estes desejos ineficazes não se empenha em erradicar os defeitos, mortificar seu apetite, sofrer com paciência os desprezos e as adversidades. Deseja fazer grandes coisas, mas incompatíveis com sua situação presente e neste meio tempo cresce nele as imperfeições: perturba-se nas adversidades, toda enfermidade o torna impaciente e vive sempre imperfeito e assim morre.

Se queremos de fato ser santos, decidamo-nos:

1. a fugir de toda culpa venial, mínima que seja;
2. a desprender-nos de todo afeto às coisas da terra;
3. a nunca deixar os costumeiros exercícios de oração e de mortificação, apesar do tédio e da apatia em que nos encontrarmos;
4. a meditar cada dia a paixão de Jesus Cristo que inflama de divino amor todo o coração que a medita;
5. a resignar-nos com paz à vontade de Deus em todas as adversidades. Dizia o padre Baltazar Alvarez: *Quem nos trabalhos se resigna à vontade divina, voa até Deus.*
6. a pedir continuamente a Deus o dom de seu santo amor.

Resolução, resolução, dizia Santa Teresa: *"O demônio não tem medo de almas irresolutas"*. Ao contrário, quem toma a decisão de se entregar de fato a Deus logo superará aquilo que lhe parecia impossível. Uma vontade decidida vence tudo. Procuremos compensar o tempo perdido. Demos todo o tempo que nos resta a Deus. Todo tempo que não se gasta para Deus é tempo perdido. E o que esperamos? Que Deus nos abandone em nossa tibieza, que nos levará à ruína final? Não! Animemo-nos e de hoje em diante vivamos com a firme resolução de fazer sua vontade até a morte. Estas almas assim resolutas o Senhor as faz voar no caminho da perfeição.

Quem deseja ser todo de Deus precisa tomar a decisão de:

1. não cometer nunca pecado venial algum, mínimo que seja;
2. dar-se sem reserva a Deus e isso procurar fazer somente sua vontade, desde que tenha a aprovação do diretor espiritual;
3. escolher, dentre as boas obras, aquela que mais agrada a Deus;
4. não esperar o dia de amanhã: não deixar para amanhã o que se pode fazer hoje;
5. pedir cada dia que Deus nos faça crescer em seu amor. Com o amor, tudo será realizado. Sem o amor, nada se fará. É preciso dar tudo para tudo conquistar. Jesus se nos deu inteiramente para que sejamos inteiramente dele.

> Pobre de mim, ó Deus de minha alma, há tanto tempo que estou na terra e quanto progredi em vosso amor? Progredi, sim, nos defeitos, no amor próprio e nos pecados. E continuarei vivendo assim até a morte? Não, meu Salvador Jesus, ajudai-me! Não quero morrer tão ingrato como tenho sido até agora. Quero amar-vos de fato e tudo deixar para vos agradar. Dai-me a mão, meu Jesus, vós que derramastes todo o vosso sangue para ver-me inteiramente vosso. Sim, assim quero ser, com vossa graça. A morte se me aproxima, ajudai-me a desprender-me de tudo o que impede de ser inteiramente vosso, vós que tanto me amastes. Fazei-o por vossos merecimentos. Isto de vós eu espero e também de vós, ó minha mãe Maria. Por meio de vossas orações que tudo podem junto de Deus, dai-me a graça de ser inteiramente vosso.

6

Da ciência dos santos

Há, na terra, dois tipos de ciência: uma celeste e outra terrestre. A celeste é a que nos leva a agradar a Deus e nos fazer grandes no céu. A terrestre é aquela que nos leva a comprazer-nos em nós mesmos e a fazer-nos grandes na terra. Esta ciência do mundo, no entanto, é estultícia e verdadeira loucura junto de Deus: *"A sabedoria deste mundo é loucura diante de Deus"* (1Cor 3,19). Loucura porque esta ciência torna loucos todos aqueles que a cultivam: torna-os semelhantes aos animais, enquanto lhes ensina a favorecer os apetites sensuais, como fazem os animais. Escreve São João Crisóstomo, dizendo que, para se ter a imagem do homem precisamos ser racionais, isto é, agir segundo a razão. Daí se conclui que, se um animal sempre agisse conforme a razão, dir-se-ia que ele agiria como homem. Assim, ao contrário, um homem que age de acordo com o apetite dos sentidos e contra a razão, deve se dizer que age como um animal.

Falando da ciência humana e natural destas coisas terrenas, o que sabem os homens a seu respeito, mesmo que as tenham estudado? O que somos nós senão toupeiras cegas que, exceto as

25

verdades que sabemos pela fé, todas as outras as conhecemos pelos sentidos e conjecturas, de forma que tudo nos é incerto e falível? Que escritor de tais matérias, embora aplaudido por muitos, ficou, depois, isento das críticas dos outros? Mas o mal é que a ciência terrestre nos torna orgulhosos, soberbos e fáceis em desprezar os outros: defeitos muito prejudiciais à alma. Por isso São Tiago diz que Deus nega as graças aos soberbos e as distribui aos humildes: *"Deus resiste aos soberbos, mas aos humildes concede a graça"* (Tg 4,16).

"Se fossem sábios discerniriam e compreenderiam o que os espera" (Dt 32,29). Ah! Se os homens agissem segundo a razão e conforme a lei divina e soubessem, cuidar assim, não tanto da vida temporal, que logo passa, mas da vida eterna! Com certeza se empenhariam em adquirir aquela ciência que ajuda conseguir a felicidade eterna e a evitar as penas eternas.

Para aprender a ciência da salvação, São João Crisóstomo aconselha-nos a ir até aos sepulcros. *"Vamos até aos sepulcros!* " Que bela escola são as sepulturas! Elas nos fazem conhecer as vaidades do mundo! *"Vamos até aos sepulcros!,* aí, dizia o santo, *nada vejo senão podridão, ossos e vermes*: que vejo eu em meio a estes esqueletos? Não sei distinguir quem deles foi ignorante ou letrado; vejo apenas que, com a morte, para eles cessaram todas as glórias deste mundo. O que sobrou de um Demóstenes, de um

Cícero, de um Ulpiano? *"Dormiram seu sono e nada encontraram... em suas mãos"* (Sl 75,6).

Feliz de quem recebeu das mãos de Deus a ciência dos santos! *"E deu-lhes a conhecer a ciência dos santos"* (Sb 10,10). A ciência dos santos é saber amar a Deus. Quantos no mundo sabem belas letras, matemática, línguas estrangeiras e antigas! Mas que proveito lhes trará essas ciências se não sabem amar a Deus? Santo Agostinho dizia: *"Feliz de quem conhece a Deus, embora ignore outras coisas!"* Quem conhece a Deus e o ama, embora não saiba o que sabem os outros, este será mais sábio que todos os sábios que não sabem amar a Deus.

"Levantam-se os ignorantes e arrebatam o céu"!, exclamava ainda Santo Agostinho. Oh! Quanto foram sábios um São Francisco de Assis, um São Pascoal, um São João de Deus, desprovidos das ciências mundanas, mas peritos na ciência divina! *"Eu te louvo, Pai... que ocultastes estas coisas aos sábios e entendidos e as revelastes aos pequeninos"* (Mt 11,25). Por *sábios* entende-se aqui aqueles que buscam para si as coisas e glórias do mundo e fazem pouco caso dos bens eternos. E *pequeninos*, os espíritos simples (semelhantes a crianças) que pouco sabem da sabedoria mundana, mas põem toda a sua força em agradar a Deus. Oh! Não invejemos os homens que sabem muitas coisas, invejemos somente aqueles que sabem amar a Jesus Cristo e

27

imitemos São Paulo que disse: *"Resolvi entre vós não saber coisa alguma, senão Jesus Cristo e este Crucificado"* (1 Cor 2,2). Felizes de nós, se chegarmos a conhecer o amor que Jesus Crucificado nos trouxe e soubermos sempre amá-lo neste livro de amor divino!

> Meu verdadeiro e perfeito amante, onde encontrarei quem me tenha amado como vós? No passado eu perdi tempo procurando saber coisas que nada me ajudaram à alma e pouco pensei em saber amar-vos. Vejo perdida minha vida. Sinto que me chamais a vosso amor: eis-me aqui, tudo deixo: de hoje em diante meu único pensamento é dar-vos prazer, meu sumo bem. Dou-me inteiramente a vós, aceitai-me, ajudai-me para que seja fiel. Não quero pertencer-me mais a mim mesmo, mas a Vós, somente a Vós! Ó Mãe de Deus, socorrei-me também com vossas orações.

7

Nossa salvação depende da oração

A oração não só é útil, mas necessária para nossa salvação. Por isso é que Deus, que nos quer todos salvos, colocou-a como preceito: *"Pedi e vos será dado"* (Mt 7,8). Wicleff, condenado no Concílio de Constança, errou ao afirmar que a oração era um conselho e não um preceito para nós: *"É necessário orar sempre sem nunca desfalecer"* (Lc 18,1). O texto latino da Vulgata diz: oportet (é preciso) (não diz prodest (é bom) ou decet (convém), mas oportet) orar sempre e nunca deixar de o fazer.

Por isso dizem com razão os doutores que não fica isento de culpa grave quem deixa de recomendar-se a Deus, pelo menos uma vez ao mês e sempre que se encontrar tomado de alguma forte tentação.

Esta necessidade nasce de nossa impotência em fazer alguma boa obra e de ter algum bom pensamento por nós mesmos: *"sem mim, nada podeis fazer"* (Jo 15,5). *"Não que por nossa própria força somos capazes de pensar alguma coisa como de nós mesmos"* (2Cor 3,5). Por isso

29

dizia São Felipe Néri que nada esperava de si mesmo. Por outro lado, escreve Santo Agostinho que Deus quer conceder suas graças, mas não as dá senão àqueles que lhe pedem[5]. E de modo especial, diz o santo, a graça da perseverança não se dá senão a quem a pede. Outras graças, como a perseverança final, preparou-a, somente a quem pede[6].

E porque o demônio sempre anda ao nosso redor para nos devorar, devemos necessariamente defender-nos sempre com a oração: *"É necessário ao homem uma oração contínua"*, diz Santo Tomás[7]. Antes, porém, já dizia Jesus Cristo: *"É necessário orar sempre sem nunca desfalecer"* (Lc 18,1). Do contrário como poderemos resistir às constantes tentações que o mundo e o inferno nos colocam? Errou Jansênio, condenado pela Igreja, ao dizer que alguns preceitos são impossíveis de serem observados por nós e que às vezes falta-nos também a graça para torná-los possíveis. Deus é fiel, escreve São Paulo, e jamais permite que sejamos tentados além de nossas forças: *"fiel é Deus que não permitirá sejais tentados acima de vossas forças; antes preparará com a tentação, os meios para que possais resistir-lhes"* (1Cor 10,13). Ele quer que, quan-

---

[5] "Deus dare vult, sed non dat nisi petenti": *In Ps 100*.

[6] "Constat alia Deus dare etiam non orantibus, sicut initum fidei; alia nonnisi orantibus praeparasse, sicut usque in finem perseverantiam": *De dono perseverantiae*, c. 6.

[7] "Necessaria est homini iugis oratio": *Summa th.*, III, q, 39, a.5, c.

do tentados, recorramos a Ele para obter ajuda para resistir. Escreve Santo Agostinho: *"A lei é dada para que se peça a graça; a graça é dada para que se cumpra a lei"*[8]. Uma vez que não podemos observar a lei sem a graça, Deus nos deu a lei para que peçamos a graça de cumpri-la; e depois nos dá a graça para que a cumpramos. Tudo isso foi muito bem expresso pelo Concílio de Trento, ao afirmar: *"Deus não ordena coisas impossíveis, mas ordenando, exorta que façamos o que podemos e peçamos o que não podemos"*[9].

Assim o Senhor está sempre propenso a nos dar sua ajuda a fim de que não sejamos vencidos pela tentação. Esta ajuda, porém, só é dada àqueles que a Ele recorrem nas tentações, especialmente nas tentações contra a castidade, como dizia o sábio: *"Quando soube que não poderia ser casto se o próprio Deus não mo concedesse...voltei-me para Ele e lho pedi"* (Sb 8,21, Vulgata). Estejamos cientes de que, se Deus não vier em nosso auxílio, não teremos forças para vencer os apetites carnais. E este auxílio não o teremos, se não rezarmos. Rezando nós o teremos com certeza, e poderemos assim resistir ao inferno em virtude daquele Deus que nos conforta, como dizia São Paulo: *"tudo posso naquele que me conforta"* (Fl 4,13).

---

[8] "Lex data est ut gratia quaereretur; gatia data est ut lex impleretur": *In Ps. 100.*

[9] "Deus impossibilia nonm jubet, sed iubendo monet et facere quod possis, et petere quod non possis et adiuvet ut possis": *Sessão 6,* c. 11.

Para obter as graças divinas é de muito proveito também recorrer à intercessão dos santos. Eles muito podem junto de Deus, principalmente em favor de seus devotos. O que não é mera devoção arbitrária, mas também dever, como escreve Santo Tomás, dizendo que a ordem da lei requer que nós mortais recebamos a ajuda necessária para nossa salvação por meio das orações dos santos[10].

Principalmente pela intercessão de Maria Santíssima, cujas orações valem mais do que as de todos os santos. Tanto mais que, como diz são Bernardo, por meio de Maria nós temos acesso a Jesus Cristo, nosso mediador e salvador: *"Por meio de ti, mãe do Salvador, cheia de graça, temos acesso ao Filho; para que através de ti nos acolha aquele que nos foi dado por meio de ti"*[11]. Penso ter demonstrado o bastante, em minha obra *Glórias de Maria*, como também em meu livro sobre *a oração*, a sentença aceita por muitos santos, de modo especial São Bernardo e por muitos teólogos, como o pe. Di Alessandro e Contensone, que todas as graças que de Deus recebemos nos chegam por meio de Maria; Por isso assim escreve São Bernardo: *"Peçamos a graça e a peçamos meio de Maria; porque o que*

---

[10] *In IV Sent.*, dist. 45, q.3 . a.2.

[11] "Per te acessum habemus ad Filium, o inventrix gratiae, mater salutis; ut per te nos suscipiat qui per te datus est nobis": *Sermo Dom. infra oct. Assumpt.*

se pede será atendido e não haverá desilusão". Assim também dizem São Pedro Damião, São Boaventura, São Bernardino de Sena, São Antonino e outros.

Rezemos, pois, e rezemos com confiança: *"Aproximemo-nos, pois, confiantemente do trono da graça, a fim de alcançar misericórdia e achar a graça de um auxílio oportuno"* (Hb 4,16). Jesus Cristo agora está sentado num trono de graça para consolar a todos os que a Ele recorrem. Ele diz: *Pedi e recebereis.* Depois, no dia do juízo, assentar-se-á também no trono, mas trono de justiça: louco seria aquele que, podendo sair de suas misérias indo a Jesus que oferece suas graças, esperasse ir até Ele quando juiz, onde não mais usará de misericórdia!

Ele nos diz que, se tivermos confiança, tudo quanto precisarmos será concedido: *"Tudo o que pedirdes ao rezar, crede que recebereis e vos será dado"* (Mc 11,24). E que coisa pode um amigo pedir a seu amigo para demonstrar-lhe seu amor senão: "pede-me o que quiseres que eu te darei?"

Acrescenta São Tiago: *"Se alguém de vós necessita de sabedoria, peça a Deus – a Ele que dá a todos generosamente e sem recriminação – e lhe se será dada* (Tg 1,15). Por sabedoria entende-se saber salvar a alma; para obtê-la é preciso pedir a Deus as graças necessárias para conseguir a salvação. E Deus no-las dará? Sim.

33

E com fartura, mais do que lhe pedimos. Veja as palavras *sem recriminação:* se o pecador se arrepende de suas culpas e pede a Deus sua salvação, Deus não agirá como agem os homens que repreendem aos ingratos sua ingratidão e negam-lhes aquilo que pedem; ele dará de boa vontade o que se pede e ainda mais. Se quisermos, pois, nos salvar é necessário que rezemos sempre até a hora da morte, dizendo: Deus meu, ajudai-me! Meu Jesus, misericórdia! Maria, misericórdia! Quando deixarmos de rezar, estaremos perdidos. Rezemos por nós e também pelos pecadores, coisa que agrada tanto a Deus. Rezemos ainda todos os dias pelas santas almas do purgatório: estas santas prisioneiras são muito gratas àqueles que rezam em seu favor. Sempre que rezarmos, peçamos a Deus as graças pelos méritos de Jesus Cristo, já que ele nos diz que tudo o que pedirmos em seu nome ele no-lo dará: *"Em verdade, em verdade vos digo: se pedirdes ao Pai alguma coisa em meu nome, ele vo-la dará* (Jo 16,25).

> Meu Deus, esta é a graça que de modo especial hoje vos peço pelos méritos de Jesus Cristo: fazei que em minha vida e de modo especial nos momentos de tentação eu sempre me recomende a Vós e espere vossa ajuda. Virgem Santíssima, obtende-me esta graça da qual depende minha salvação.

8

Um dia haverei de morrer

É uma lembrança muito útil para a salvação eterna repetir sempre: *um dia haverei de morrer.* A Igreja lembra anualmente aos fiéis, no dia das Cinzas: *lembra-te, ó homem, que és pó e em pó te hás de tornar.* A verdade da morte vem mais vezes lembrada durante o ano, nos cemitérios, nas tumbas que vemos nas igrejas e nos mortos que levamos para o sepultamento.

Os móveis mais preciosos que os anacoretas carregavam consigo para suas grutas eram uma cruz e um crânio de morto: a cruz para recordar o amor que Jesus nos trouxe e o crânio para lembrar o dia da morte. E assim eles perseveravam na penitência até o fim de seus dias; e morrendo como pobres naquele deserto, morriam mais contentes do que os monarcas em seus palácios.

"É o fim! Vem o fim sobre os quatro cantos da terra!" (Ez 7,2). Nesta terra há os que vivem mais e os que vivem menos. Para ambos, no entanto, mais cedo ou mais tarde, chegará o fim. E neste fim, que será a morte, nosso único consolo será o de ter amado a Jesus Cristo e suportado com paciência por seu amor as dificuldades desta vida. Não são de consolo nem as riquezas

35

adquiridas, nem as honras obtidas, nem os prazeres sentidos. Todas as grandezas deste mundo não consolam os moribundos, mas trazem-lhes sofrimentos. E quanto mais procuradas, tanto maior seu sofrimento. Dizia irmã Margarida de Sant'Ana, monja carmelita descalça e filha de Rodolfo II: *"Para que servem os reinos na hora da morte?"*

Ah! a quantos mundanos acontece que – quando estão mais ocupados em buscar para si vantagens, poderes e cargos – vem a ordem: *"Põe em ordem tua casa que vais morrer e não viverás"* (Is 38,1). "Senhor X, é tempo de pensar em fazer o testamento, que estás mal!" Ó Deus, que aflição sentirá aquele que está prestes a ganhar aquele processo, a tomar posse daquele palácio ou daquele feudo, ao escutar o sacerdote que veio para recomendar-lhe a alma dizer: *"Parte deste mundo, alma cristã!* "Parte e vai prestar contas a Jesus Cristo! "Mas agora não estou bem preparado". Que importa? É preciso partir agora.

> Ah! meu Deus! Dai-me luz, dai-me força para gastar a vida que me resta em vos servir e em vos amar! Se devesse morrer agora, não partiria contente. Morreria inquieto. Então o que espero? Que me colha a morte com grande perigo de minha salvação eterna? Senhor, se fui louco no passado, não o quero ser mais. Agora me dou inteiramente a Vós. Aceitai-me. Socorrei-me com vossa graça!

Enfim, para todos há de chegar o fim e com ele aquele momento decisivo de uma eternidade feliz ou não: *"Ó momento do qual depende a eternidade!"* Oh! se todos pensassem neste grande momento e na prestação de contas de toda vida que nele se deve fazer ao Juiz! *"Se fossem sábios, compreenderiam e discerniriam o que os espera!"* (Dt 32,29). Certamente não se preocupariam em acumular dinheiro e em trabalhar para fazerem-se grandes nesta vida que passa. Pensariam, no entanto, em fazerem-se santos e tornarem-se grandes naquela vida que nunca termina.

Se temos fé e acreditamos que existe a morte, o juízo e a eternidade, procuremos, nos dias que nos restam, viver unicamente para Deus. E por isso procuremos viver como peregrinos neste mundo, pensando que logo teremos de deixá-lo. Vivamos sempre em vista da morte, e nos afazeres desta vida escolhamos fazer aquilo que faríamos no momento da morte.

As coisas da terra ou nos deixam ou as teremos que deixar. Ouçamos Jesus Cristo que diz: *"Ajuntem riquezas espirituais, que nem traça nem ferrugem podem destruir, e nem os ladrões conseguem assaltar e roubar"* (Mt 6,20). Desprezemos os tesouros da terra que não podem nos contentar e logo terminam e conquistemos os tesouros do céu que nos farão felizes e não terminarão jamais.

Miserável de mim, Senhor, que voltei muitas vezes as costas a Vós, Bem infinito, por causa das coisas da terra! Conheço minha loucura de, no tempo passado, ter procurado a fama e acúmulo de riquezas no mundo. Que de hoje em diante minha riqueza seja amar-vos e fazer em tudo vossa vontade. Meu Jesus, tirai-me o desejo de aparecer, fazei-me amar os desprezos e a vida oculta. Dai-me força para rejeitar tudo o que não vos agrada. Fazei que eu abrace com serenidade a doença, as perseguições, as desolações e todas as cruzes que me enviais. Oh! Pudesse eu morrer por vosso amor, abandonado de todos, como morrestes mim! Virgem santa, vossas orações podem fazer-me encontrar a verdadeira riqueza que é amar muito vosso Filho; por favor, pedi-o por mim! Eu confio em vós.

9

Preparação para a morte

A morte é certa: "*Para os homens está estabelecido morrer uma vez e logo em seguida vem o juízo*" (Hb 9,27). Por outro lado, não sabemos quando e de que forma morreremos. Por isso Jesus nos exorta: "*Estai, pois, preparados, que a hora em que menos pensais virá o Filho do homem*" (Lc 12,40). Ele diz *estai preparados:* para nos salvar não basta preparar-nos para a morte, quando ela chegar. É preciso que estejamos preparados desde já para abraçá-la no modo e nos acontecimentos que ela nos trará. Portanto é bom que cada um – pelo menos uma vez ao mês – repita os atos que se seguem.

> Meu Deus, estou pronto para abraçar aquela morte que me destinastes. De hoje em diante eu a aceito e sacrifico minha vida em honra de vossa divina majestade e também em penitência por meus pecados. Aceito que esta minha carne, que para contentá-la tanto vos ofendi, seja devorada pelos vermes e reduzida a pó.
>
> Meu Jesus, uno minhas dores e a agonia que então deverei sofrer às dores e agonia que vós, meu Salvador, sofrestes em vossa morte. Aceito a morte com todas as suas circunstâncias. Aceito o tempo, sejam muitos ou poucos os anos; aceito o modo,

39

no leito ou fora dele, com prevenção ou de improviso e com uma enfermidade dolorosa ou menos dolorosa, como vos aprouver. Em tudo me resigno à vossa santa vontade. Dai-me a força de sofrer tudo com paciência.

"O que retribuirei ao Senhor por tudo o que me deu?" Eu vos agradeço, meu Deus, em primeiro lugar pelo dom da fé, prometendo morrer como filho da santa Igreja Católica. Eu vos agradeço por não me terdes deixado morrer quando em pecado e de por me terdes perdoado tantas vezes, com tanta misericórdia. Agradeço-vos tantas luzes e graças com que procurastes atrair-me a vosso amor.

Eu vos peço: fazei-me morrer recebendo-vos no santo Viático, para que, unido a Vós, eu venha a apresentar-me em vosso santo tribunal. Eu não mereço ouvir de vossa boca: "Muito bem, empregado bom e fiel; foste fiel no pouco, eu te confiarei muito; vem alegrar-te com o teu Senhor" (Mt 25, 21). Não o mereço porque em nada fui fiel perfeito; mas vossa morte dá-me esperança de ser admitido no céu para vos amar eternamente e com todas as minhas forças.

Amor meu crucificado, tende piedade de mim, guardai-me com aquele amor com o qual me olhastes da cruz, ao morrer por mim. Dos pecados de minha juventude e de minhas ignorâncias não vós lembreis, Senhor! Espantam-me meus pecados, mas consola-me esta cruz onde vos vejo morto por meu amor: Eis o lenho da cruz no qual pendeu a salvação do mundo. Desejo terminar minha vida para não mais vos ofender. Por favor, perdoai-me todas as ofensas pelo sangue derramado por mim. Antes morrer que vos ofender! Ó sangue inocente, lava as culpas do penitente.

Meu Jesus, eu abraço vossa santa cruz e beijo as chagas de vossos santos pés, onde quero morrer. Ah! não me abandoneis naquele último momento: Nós te pedimos, vem em socorro de teus servos que redimiste com teu precioso sangue.[12] Eu vos amo com todo o meu coração, mais do que a mim mesmo e arrependo-me com toda a minha alma, de no passado ter-vos desprezado. Senhor, eu estava perdido, mas vós, por vossa bondade, me livrastes do mundo; recebei, pois, desde agora minha alma! Peço-vos com Santa Ágata: "Senhor, que tirastes de mim o amor do mundo, recebei minha alma. Em ti esperei, Senhor, não serei confundido para sempre; vós me redimistes, Senhor Deus da verdade".

Ó Virgem santíssima, socorrei-me na hora de minha morte. Santa Maria, mãe de Deus, rogai por mim, pecador, agora e na hora de minha morte; em vós, Senhor, esperei; não serei confundido para sempre. São José, meu protetor, obtende-me uma morte santa: meu Anjo da Guarda, são Miguel Arcanjo, defendei-me do inferno naquele último conflito. Meus santos advogados, santos todos do paraíso, socorrei-me no momento derradeiro. Jesus, José e Maria, ficai comigo, na hora de minha morte.

---

[12] Do hino *Te Deum.*

10

Quem ama a Deus não deve temer a morte

Como poderá ter medo da morte quem está na graça de Deus? *"Quem permanece no amor, permanece em Deus e Deus nele"* (1Jo 4,16). Quem ama a Deus está seguro de sua graça e, morrendo desta forma, pode ter certeza de que gozará para sempre do reino dos bem-aventurados. Como pode, então, temer a morte?

Disse Davi: *"Não cites perante o tribunal teu servo, porque diante de ti, nenhum ser vivo é justo"* (Sl 142,2). Isto significa que ninguém deve ter a presunção de salvar-se por seus próprios méritos, pois ninguém, exceto Jesus e Maria, podem dizer-se isentos de pecados em todas as suas vidas. Quem se arrepende de seus pecados e confia nos méritos de Jesus Cristo que veio ao mundo para salvar os pecadores (cf. Lc 19,10) e de fato para isso morreu e derramou seu sangue, não deve temer a morte. O sangue de Jesus Cristo, diz o apóstolo, fala mais alto em favor dos pecadores do que o sangue de Abel, a quem Caim matou: *"Vós, ao contrário, aproximastes-vos da montanha de Sião, da cidade do Deus vivo, da Jerusa-*

lém celeste...e do mediador do novo testamento, Jesus, e da aspersão do sangue, mais eloquente do que o de Abel" (Hb 12,22-24).

É verdade que, sem uma revelação divina, ninguém pode ter certeza infalível de sua salvação. Pode, porém, ter certeza moral quem se deu de coração a Deus e está pronto a perder tudo, mesmo a própria vida, antes de perder a graça divina. Esta certeza está bem fundada nas promessas divinas: *"Quem é que confiou no Senhor e foi confundido?"* (Eclo 2,10). Deus declara em tantos lugares que não quer a morte do pecador, mas que ele se converta e se salve: *"Acaso tenho prazer na morte do ímpio? – oráculo do Senhor Deus. Não desejo antes que mude de conduta e viva?"* (Ez 18,23). Noutro lugar afirma o mesmo e acrescenta um juramento: *"Juro por minha vida – oráculo do Senhor Deus – não tenho prazer na morte do ímpio, mas antes que ele se converta e viva!* (Ez 33,11). E no mesmo lugar Deus se lamenta daqueles pecadores obstinados que, para não deixar o pecado, querem se perder: *"Por que haveríeis de perecer, casa de Israel?"* E, aos que se arrependem, Deus promete-lhes perdoar todas as culpas: *"Mas, se o ímpio arrepender-se de todos os seus pecados... viverá com certeza e não morrerá. Nenhum dos crimes cometidos será lembrado contra ele"* (Ez 18,21). O ódio aos pecados cometidos é, para um pecador, um sinal certo do perdão recebido.

Afirma um padre da Igreja que pode estar certo do perdão quem de fato diz: *"Detesto e aborreço a mentira e amo vossa lei"* (Sl 118,163). Outro sinal certo de ter recuperado a graça é a perseverança por longo tempo numa vida honesta após o pecado. Grande sinal de permanência na graça é estar firmemente decidido a antes morrer do que perder a amizade divina; é ter um grande desejo de amá-lo e vê-lo amado pelos outros e sentir pena ao vê-lo ofendido.

Mas como explicar que grandes santos, que se doaram inteiramente a Deus e levaram uma vida mortificada e desprendida de todo afeto aos bens terrenos, foram tomados de medo na hora da morte, ao pensar que teriam que comparecer diante do Cristo juiz? Responde-se que raros são os santos que, ao morrer, tenham sofrido estes temores. Deus quis que assim eles se purificassem de alguns vestígios de pecado antes de entrar na eternidade feliz; em geral, todos eles morreram em grande paz e com grande desejo de morrer para ir ver a Deus. De resto, em relação ao temor da salvação, esta é a diferença entre os pecadores e os santos na hora da morte: os pecadores passam do temor ao desespero; os santos, do temor à confiança e assim morrem em paz.

Portanto, aquele que tem sinais de estar na graça de Deus deve desejar a morte e repetir a oração que Jesus ensinou: *"venha o teu reino!"* E quando a morte vier, deve abraçá-la com alegria, seja para libertar-se dos pecados, deixando esta terra, onde não se vive sem defeitos, seja para ir ver a Deus face a face e para amá-lo com todas as forças no reino do amor.

> Amado Jesus, meu juiz, quando fordes me julgar, por favor, não me mandeis para o inferno! Aí não poderei mais vos amar, mas sim, odiar-vos para sempre. E como posso odiar a Vós que sois tão amável e que me amastes tanto? Esta graça eu não a mereço, por causa de meus pecados. Mas, se eu não a mereço, vós ma merecestes com o sangue que derramastes, com tanta dor, por mim na cruz. Enfim, meu juiz, dai-me todo o sofrimento, mas não me priveis de poder amar-vos. Ó Mãe de Deus, vede o perigo em que me encontro, o de ser condenado a não poder mais amar vosso Filho, que merece um amor infinito. Ajudai-me! Tende compaixão de mim!

11

A Cruz de Jesus é a nossa salvação

"*Eis o lenho da cruz, do qual pendeu a salvação do mundo*", canta a Igreja na Sexta-feira Santa. Na cruz está nossa salvação, nossa força contra as tentações, o desprendimento dos prazeres terrenos. Nela está nosso verdadeiro amor a Deus. É preciso, pois, decidir-se a levar com paciência a cruz que Jesus nos envia e nela morrer por seu amor assim como Ele morreu em sua por nosso amor. Não há outro caminho para entrar no céu senão resignar-se nas tribulações até a morte.

Este é também o meio para encontrar a paz até no sofrimento. Pergunto: quando vem a cruz que outro meio existe para não perder a paz senão o de harmonizar-se com a vontade de Deus? Se não o tivermos conosco, andemos onde quisermos, façamos o que pudermos, jamais poderemos fugir do peso da cruz. Por outro lado, se a carregarmos de boa vontade, ela nos levará até aos céus e nos dará a paz neste mundo. Quem rejeita a cruz aumenta seu peso. Quem, no entanto, abraça-

-a e a carrega com paciência, tem seu peso diminuído e transformado em consolação. De fato, Deus enriquece de graças todos aqueles que de boa vontade a levam, fazendo sua vontade. O sofrimento não nos agrada. Isso é natural. Mas o amor divino, quando reina num coração, torna-o agradável.

Oh! Se considerássemos a felicidade que haveremos de gozar no paraíso porque fomos fiéis a Deus e não nos lamentamos no sofrimento e dificuldades, não nos queixaríamos de Deus quando nos manda o sofrimento, mas diríamos com Jó: *"seria até um consolo para mim: torturado sem piedade, saltaria de gozo, pois não reneguei as palavras do Santo"* (Jó 6,10). Se somos pecadores e merecedores do inferno, deveríamos ficar contentes ao ver que Deus nos castiga nas tribulações, porque este é um sinal que Ele deseja libertar-nos do castigo eterno. Pobre daquele pecador que prosperou nesta terra! Quem sofre alguma tribulação grave olhe para o inferno que mereceu e assim todo sofrimento lhe parecerá leve. Se, pois, cometemos pecados, nossa oração deve ser esta: Senhor, não me poupe dores, dai-me, no entanto, forças para sofrer com paciência a fim de que eu não vá contra vossa vontade. Fazei-me de acordo com vossa vontade em tudo, dizendo sempre com Jesus: *"Sim, Pai, que assim foi de teu agrado"* (Mt 11,26).

A alma que é tomada de amor divino busca somente a Deus. *"Se alguém quisesse comprar o amor, com todos os tesouros de sua casa, se faria desprezível"* (Ct 8,7). Quem ama a Deus tudo despreza e renuncia a tudo o que não o ajuda a amar a Deus. Não busca consolações e doçura de espírito nas boas obras que faz e em todas as penitências e fadigas pela glória de Deus. Basta-lhe saber que dá gosto a Deus. Em síntese, busca sempre e em em todas as coisas, negar-se a si mesmo, renunciando a todo prazer e depois disto de nada se vangloria, mas apresenta-se como servo. E colocando-se no último lugar, abandona-se nas mãos da vontade divina e de sua misericórdia.

É preciso mudar de paladar, se queremos ser santos. Se não conseguirmos fazer que o doce tenha sabor de amargo e o amargo sabor de doce, jamais chegaremos à união perfeita com Deus. Toda nossa segurança e perfeição está em suportar com resignação as pequenas ou grandes adversidades que nos vêm. E precisamos suportá-las em vista daqueles justos fins pelos quais o Senhor quer que as suportemos:

1. para purificar-nos de nossas culpas;
2. para merecer a vida eterna;
3. para fazer a vontade de Deus, fim principal e mais nobre que podemos ter em todas as nossas obras.

Coloquemo-nos, pois, sempre à disposição de Deus para suportar toda cruz que Ele nos mandar. Cuidemos de estar sempre preparados para suportar toda a aflição por seu amor para que quando a morte vier, estejamos prontos para abraçá-la. E digamos como Jesus Cristo a São Pedro, quando preso no horto pelos judeus e conduzido à morte: *"Será que não devo beber o cálice que o Pai me deu?"* (Jo 18,11). Deus envia-me esta cruz para meu bem e eu lhe direi que não a quero?

Se o peso desta cruz nos parecer muito grande, recorramos imediatamente à oração, para que Deus nos dê forças para carregá-la com mérito. E lembremo-nos do que diz São Paulo: *"Tenho para mim que os sofrimentos da vida presente não têm comparação alguma com a glória futura que se manifestará em nós"* (Rm 8,18). Reavivemos, portanto, a fé, quando as tribulações nos afligirem! Em primeiro lugar, olhemos para o Crucificado que agoniza sobre a cruz, por nosso amor. Olhemos também para o paraíso e para os bens que Deus prepara a quem sofre por seu amor. Assim não nos lamentaremos, mas lhe agradeceremos o sofrimento que nos dá e pediremos mais ainda. Oh! Quanto se alegram os santos no céu, por não terem tido honras e prazeres neste mundo, mas por terem sofrido por Jesus Cristo! Tudo o que passa é pequeno, só é grande aquilo que é eterno.

Meu Jesus, quanto consolo me traz esta vossa palavra: "Retornai a mim e eu retornarei a vós" (Zc 1,3). Eu vos deixei em troca das criaturas e de meus miseráveis gostos pessoais; agora deixo tudo e retorno a vós. Estou certo de que não me rejeitareis, se quero vos amar, fazendo-me ouvir que estais pronto para abraçar-me: eu retornarei a vós. Recebei-me, pois, em vossa graça e fazei-me conhecer o grande bem que sois vós e o amor que me destes, para que não vos deixe nunca mais. Meu Jesus, perdoai-me! Meu amor e amado meu, perdoai-me todos os desgostos que vos dei. Dai-me o teu amor e depois fazei de mim o que bem quiserdes. Castigai-me quanto quiserdes, privai-me de tudo, mas não me priveis de vós! Que o mundo me ofereça todos os seus bens: eu vos prometo que só a vós desejo e nada mais. Ó Maria, recomendai-me a vosso Filho. Ele concede-vos tudo quando pedis. Eu confio em vós.

12

Quanto agrada a Jesus Cristo sofrer por seu amor

"*Se alguém quiser vir após mim, negue-se a si mesmo, tome sua cruz cada dia e siga-me*" (Lc 9,23, Vulgata)[13]. É importante tecer aqui alguns comentários sobre estas palavras de Jesus. Ele diz: *"se alguém quiser vir após mim".* Não diz "*a mim*" (*ad me*), mas "*após mim*" (*post me venire*). Ele quer que andemos com Ele. É preciso, pois, que caminhemos pelo mesmo caminho de espinhos e sofrimentos pelo qual Ele passou. Ele segue adiante e não para senão no Calvário, onde deve morrer. Portanto, se o amamos devemos segui-lo até nossa morte. E por isso é preciso que cada um de nós negue-se a si mesmo, ou seja, àquilo que o amor próprio lhe pede mas não é do agrado de Jesus Cristo.

Diz também: *tome sua cruz cada dia e siga-me!* Consideremos palavra por palavra:

Tome: pouco ajuda levar a cruz à força. Todos os pecadores carregam-na, mas sem merecimento. Para carregá-la com merecimento é preciso abraçá-la voluntariamente.

---

[13] O texto latino, da Vulgata, diz assim: *"Si quis vult post me venire, abneget semetipsum, et tollat crucem suam quotidie et sequatur me"* (nota do tradutor).

51

Cruz: Jesus usa a palavra cruz para indicar todo o sofrimento, para que o pensamento de sua morte por nosso amor, na cruz, a torne suave.

Sua: alguns, quando recebem alguma consolação espiritual, dispõem-se a abraçar o sofrimento dos mártires; mas depois não podem suportar uma dor de cabeça, uma falta de atenção de um amigo, a doença de um parente. Meu irmão, minha irmã, Deus não quer de você os tormentos do martírio, mas que sofra com paciência a dor, o desprezo, a doença. Aquela monja gostaria de ir sofrer num deserto, de fazer grandes penitências; não pode, no entanto, suportar a superiora, a companheira em seu ofício. Deus, porém, quer que ela carregue a cruz que lhe é dada e não aquela que desejaria receber.

Cada dia: alguns abraçam a cruz no começo, quando ela vem. Se ela continua, dizem: *Agora não posso mais.* Deus, no entanto, quer que continuemos a levá-la com paciência até à morte, mesmo que seja contínua. A salvação e a perfeição estão no cumprimento destas três palavras: *negue-se a si mesmo* (neguemos ao amor próprio aquilo que não convém); *tome*: abracemos a cruz que Deus nos manda; *siga-me*: sigamos as pegadas de Jesus até à morte.

Precisamos convencer-nos que Deus nos mantém no mundo para que abracemos as cruzes que Ele nos envia. E aí está o merecimento de nossa vida. Por isso nosso Salvador – que nos ama – veio a esta terra não para gozar mas para sofrer, para que sigamos seus passos: *"Sim, fostes chamados para isso, já que também Cristo sofreu por vós e vos deixou o exemplo para que lhe sigais as pegadas"* (1Pd 2,21). Olhemos como Ele caminha à nossa frente com sua cruz, abrindo caminho, pelo qual também nós devemos segui-lo, se quisermos salvar-nos. É um grande remédio dizer a Jesus, em toda aflição: Senhor, quereis que eu padeça toda esta cruz? Eu a aceito e quero padecê-la de acordo com vossa vontade.

São muitos os que gostam de ouvir falar de oração e de paz; poucos, porém, de cruz e de sofrimento. Amam o Senhor desde que sopre o vento da doçura espiritual. Mas, se ele cessar e vier alguma adversidade ou desolação, onde o Senhor se esconde para experimentá-los, privando-os das consolações costumeiras, eles deixam a oração, a comunhão, as mortificações e se deixam levar pela tristeza e tédio, buscando os prazeres do mundo. Estas almas, porém, amam mais a si mesmas do que a Jesus Cristo. Por outro lado, aquelas que o amam com amor desinteressado de consolações, com amor puro, só porque é digno de ser amado, não deixam os exercícios habituais de devoção por causa de alguma aridez e tédio que aí sentem, contentando-se em agradar a Deus. E oferecem-se para sofrer alguma desolação até à morte e em toda a eternidade, se

53

Deus assim o quisesse. São Francisco de Sales diz que Jesus Cristo é amável tanto na consolação como na desolação. As almas enamoradas de Deus encontram sua consolação e doçura no sofrimento, ao pensar que sofrem por seu amor e dizem:

> Quanto é doce, meu caro Senhor,
> A quem vos ama, sofrer por vós!
> Oh! pudesse eu morrer por vosso amor!
> Jesus meu, que morrestes por mim!

Jesus merece tudo isto de nós e muito mais, Ele que escolheu uma vida de sofrimento e uma morte dolorosa por nosso amor, sem conforto algum. Com isto fez-nos entender que, se quisermos amá-lo, deve ser como Ele nos amou. Oh! Como é cara a Jesus uma alma que sofre e o ama! Oh! Dom divino, dom de todos os dons, amar sofrendo e sofrer amando.

> Meu Jesus, só vós pudestes ensinar-me estas máximas de salvação, todas elas contrárias às máximas do mundo! Só vós podeis nos dar a força para carregar as cruzes com paciência! Eu vos procuro não para que me isenteis do sofrimento. Apenas vos peço força para sofrer com paciência e resignação. Eterno Pai, vosso Filho nos prometeu que, quando vos pedirmos em seu nome, tudo nos será dado: "Se me pedirdes alguma coisa em meu nome, eu o farei" (Jo 14,13). Eis o que pedimos: dai-nos sofrer com paciência as cruzes desta vida. Atendei-nos por amor de Jesus Cristo. E vós, meu Jesus, perdoai-me

todas as ofensas que vos fiz. Perdoai-me por não ter tido paciência nas dificuldades que me enviastes. Dai-me vosso amor. Ele me dará força para sofrer tudo por vosso amor. Privai-me de tudo, de todos os bens da terra, dos familiares, dos amigos, da saúde do corpo, de toda as consolações: privai-me também da vida, mas nunca de vosso amor. Dai-me a vós mesmo e nada mais vos peço. Virgem Santíssima, obtende-me um amor constante a Jesus Cristo até a morte.

13

O amor de Deus vence tudo

"*É forte o amor como a morte*" (Ct 8,6). Assim como a morte nos separa de todos os bens da terra, das riquezas, das dignidades, dos parentes, dos amigos e de todos os prazeres mundo, assim também o amor de Deus, quando reina num coração, despoja-o do apego a estes bens caducos. Por isso vemos os santos se despojarem de tudo quanto o mundo lhes oferecia, renunciarem às posses, aos altos cargos e a seus bens e irem para os desertos ou claustros a fim de pensar somente em Deus.

A alma não pode ficar sem amar: ou ama o Criador ou as criaturas. Vede uma alma despojada de todo amor terreno e a vereis toda repleta do amor de Deus. Queremos saber se somos todos de Deus? – Examinemo-nos se estamos despojados de toda realidade deste mundo.

Alguns se lamentam que em todas as suas devoções, orações, comunhões, visitas ao Santíssimo Sacramento, não conseguem encontrar a Deus. A estes Santa Teresa diz: "*Despojai o coração das criaturas e buscai depois a Deus que o encontrareis*". Nem sempre encontrareis aquelas consolações espirituais. O Senhor não as

56

dá de forma contínua àqueles que o amam, mas somente de quando em quando. Isto para torná-los ávidos daquelas imensas delícias que lhes prepara no paraíso. Mas é bom para eles provar aquela paz interna que supera todas as delícias sensíveis: *"a paz de Deus que excede toda inteligência"* (Fl 4,7). Haverá maior prazer para uma alma enamorada de Deus do que dizer-lhe com afeto: *Meu Deus, meu tudo*? São Francisco de Assis passou uma noite inteira num êxtase do paraíso, repetindo sempre estas palavras: *Meu Deus, meu tudo.*

"É forte o amor como a morte." Se víssemos um moribundo levar consigo alguma coisa da terra, seria sinal de que não está morto, porque a morte nos priva de tudo. Quem, portanto, quer ser todo de Deus, deve deixar tudo. Se reservar alguma coisa para si, revela que seu amor a Deus não é perfeito, mas frágil.

O amor de Deus despoja-nos de tudo. Dizia o grande servo de Deus, padre Segneri Iuniore (de quem Muratori escreveu a vida): *"O amor de Deus é um ladrão querido, que nos despoja de toda coisa terrena"*. A um servo de Deus, que distribuiu toda a sua roupa aos pobres, perguntaram-no quem o teria levado a isso. Ele, tirando o Evangelho do bolso, disse: "eis quem me despojou de tudo!" Em suma, Jesus quer possuir o nosso coração todo e não admite concorrentes. Santo Agostinho escreveu que o senado romano não quis adorar a Cristo, afirmando ser Ele um Deus que queria toda a honra apenas para si. É verdade. Sendo nosso único Senhor tem toda a razão em querer ser o único a ser adorado e amado com puro amor.

Diz São Fancisco de Sales que o puro amor de Deus consome tudo o que não é Deus. Quando, pois, brota em nós algum afeto que não é de Deus, nem para Deus, é preciso logo rechaçá-lo, dizendo-lhe: *"Vá embora, aqui não há lugar para você!"* Se quisermos ser todo de Deus, devemos abraçar aquela renúncia total que o Salvador tanto nos recomenda. Renúncia *total*, isto é, de todas as coisas, principalmente dos parentes e amigos. Muitos não se fazem santos porque querem satisfazer os homens. Diz Davi que aqueles que agradam aos homens recebem o desprezo de Deus: *"Os que procuram agradar aos homens foram confundidos, porque Deus desprezou-os"* (Sl 52,6, Vulgata).

De modo especial devemos renunciar a nós mesmos, vencendo o amor próprio. Maldito amor próprio que quer intrometer-se em tudo, até em nossas obras mais santas, colocando diante de nós a própria estima ou o próprio prazer! Quantos pregadores, quantos escritores perderam todo o seu trabalho por causa disso. Muitas vezes também na oração, na leitura espiritual ou na santa comunhão entra alguma intenção não pura, ou de se mostrar ou de sentir doçura espiritual.

É preciso, pois, empenhar-se no combate a este inimigo que nos faz perder as obras mais belas. Para isso precisamos privar-nos (enquanto possível) daquilo que mais nos agrada: daquela diversão, exatamente porque nos agrada; ser útil àquela pessoa ingrata, justamente porque ingrata; tomar aquele remédio amargo, porque amargo. O amor próprio nos engana fazendo parecer mau tudo o que não lhe agrada. Quem, porém, deseja ser todo de Deus precisa se esforçar e diante de uma coisa que lhe agrada deve dizer: *"Que tudo se perca e se dê prazer a Deus!"*.

Ninguém vive mais contente no mundo do que aquele que despreza todos os bens. Quanto mais alguém se desprende de tais bens mais rico se faz de graças divinas. Assim o Senhor premia aqueles que o amam fielmente.

> Meu Jesus, vós conheceis minha fraqueza, vós prometestes socorrer quem confia em vós. Senhor, eu vos amo, em vós confio. Dai-me forças e fazei-me todo vosso. Em vós também eu confio, ó Maria, minha doce advogada.

14

Necessidade da oração mental

A oração mental é necessária primeiramente para se ter luz na viagem que fazemos para a eternidade. As verdades eternas são realidades espirituais que não se veem com os olhos do corpo, mas somente com a consideração da mente. Quem não reza não as vê e por isso dificilmente caminha pela estrada da salvação. Além disso, quem não reza não conhece seus defeitos e por isso, diz São Bernardo, não os detesta. Da mesma forma não vê os perigos em que se encontra sua salvação e por isso não pensa em evitá-los. A quem reza, porém, logo se apresentam os defeitos e os perigos de se perder. E vendo-os, pensará em remediá-los. Diz São Bernardo que a meditação regula os afetos, orienta os atos e corrige os excessos[14].

Em segundo lugar, sem oração não temos força para vencer as tentações e praticar as virtudes. Dizia Santa Teresa que quem deixa a oração não necessita de demônios que o levem ao inferno: ele aí se lança por si mesmo. Porque sem

---

[14] "Consideratio regit affectus, dirigit actus, corrigit excessus": *De consideratione,* I, 2, c. 6.

a oração mental não se exercita a oração. Deus quer dispensar-nos suas graças, mas para dispensá-las, diz São Gregório, quer que as peçamos e que o forcemos, por assim dizer, a nos conceder-las por meio de nossas orações[15]. Sem a oração não teremos forças para resistir aos inimigos e também não perseveraremos no bem. Escreveu Mons. Palafox: *"Como o Senhor nos dará a perseverança, se não a pedimos? E como a pediremos sem a oração? Sem oração não há comunicação com Ele"*. Por outro lado, quem reza *"é como a árvore plantada à beira das águas correntes"* (Sl 1,3), onde sempre crescerá.

No mais a oração é a fornalha santa onde as almas se inflamam de amor divino: *"ardeu-me, no peito, o coração, e, em minha reflexão ateou-se o fogo"* (Sl 38,4). Santa Catarina de Bolonha dizia que a oração é aquele laço que une estreitamente a alma a Deus. *"Levou-me ele à adega e contra mim desfralda sua bandeira de amor"* (Ct 2,4). Esta adega é a oração onde a alma se inebria de tal forma do amor divino que quase perde os sentidos para as coisas deste mundo; só vê aquilo que apraz a Deus, só quer ouvir falar dele e qualquer outro discurso lhe causa tédio e a aflige. A alma em oração, retirando-se para tratar a sós com Deus, eleva-se sobre si mesma. *"Sentar-se-á solitário e calar-se-á, porque elevou-se*

---

[15] "Vult Deus rogari, vult cogi, vult quadam importunitate vinci": *In Ps. poenit.* 6

sobre si mesmo" (Lm 3,28, Vulgata). Diz *sentar--se-á*: a alma, assentando-se, isto é, permanecendo em oração, a contemplar quanto Deus é amável e quão grande é seu amor, sentirá o sabor de Deus, encherá a mente de santos pensamentos, despojar-se-á dos afetos terrenos, conceberá grandes desejos de ser santa e finalmente tomará a decisão de dar-se toda a Deus. Onde os santos tomaram as mais generosas resoluções que os conduziram a um sublime grau de perfeição senão na oração?

Ouçamos o que diz São João da Cruz ao falar da oração mental:

> Aí me deu seu coração,
> Aí ensinou-me uma ciência muito saborosa,
> E eu me fiz toda dele, sem me reservar coisa alguma.
> Aí eu prometi ser sua esposa. (São João da Cruz)

São Luís Gonzaga dizia que quem não consegue rezar muito jamais atingirá um alto grau de perfeição. Dediquemo-nos, pois, à oração, e não a deixemos nunca, apesar de algum tédio que aí encontrarmos. Este tédio, sofrido por Deus, será bem recompensado por Ele.

> Perdoai-me, meu Deus, minha preguiça. Quantos tesouros de graças perdi por ter deixado tantas vezes a oração! Dai-me força para ser fiel no diálogo convosco, aqui na terra. Espero falar convosco para sempre, no céu. Não desejo que me presenteeis com vossas consolações. Não as mereço. Basta-me

que me deixeis ficar a vossos pés para vos recomendar minha pobre alma, que se acha tão pobre, porque distante de vós. Ai, meu Jesus Crucificado, só a lembrança de vossa paixão me despojará da terra e me unirá a vós. Santa Virgem Maria, ajudai-me com vossa oração.

15

Finalidade da oração mental

Para fazer bem a oração mental e obter seus frutos é preciso que tenhamos as seguintes disposições:

1. Fazê-las para nos unir mais profundamente a Deus. O que nos une a Deus não são tanto os bons pensamentos da mente mas sim os atos bons da vontade, ou sejam, os santos afetos. São eles que nos unem a Deus. Os afetos que se expressam na meditação são: humildade, confiança, despojamento, resignação e de modo especial amor e arrependimento das próprias culpas. Os atos de amor, dizia Santa Teresa, são aqueles que mantêm o coração inflamado no santo amor.

2. Rezar para conseguir de Deus as graças necessárias para progredir no caminho da salvação e principalmente para obter a luz divina a fim de evitar os pecados e munir-se dos meios que conduzem à perfeição. O maior fruto da oração mental é, pois, exercitar-se na oração. De modo geral Deus só concede as graças àquele que pede. Escreve são Gregório [como já vimos] que Deus quer que peçamos, quase que o forcemos, quer ser vencido pela nossa insistência. Observe que se diz

ser vencido pela insistência: às vezes, para obter graças mais valiosas, não bastará simplesmente pedir. Será preciso insistir e quase forçar a Deus com nossas orações para que no-las conceda. É verdade que Deus sempre está pronto a nos ouvir. No tempo da oração, porém, quando estamos mais recolhidos em Deus, Ele está mais pronto para nos dispensar sua ajuda.

De modo especial é preciso que estejamos atentos em buscar nele a perseverança e seu santo amor. A perseverança final não é apenas uma graça, mas uma corrente de graças à qual deve corresponder a cadeia de nossas preces. Se deixarmos de rezar, Deus deixará de nos ajudar e assim estaremos perdidos. Quem não faz oração mental dificilmente persevera na graça de Deus até a morte. Mons. Palafox, em suas anotações às cartas de Santa Teresa, escreveu assim: "Como poderá o Senhor dar a perseverança, se não a pedimos? E como a pediremos, sem a oração? Sem oração não há comunicação com Deus"[16].

É preciso que insistamos com nossas orações para conseguir seu divino amor. Com ele, diz São Francisco de Sales, vêm todas as virtudes. Junto com a caridade, obtemos todos os bens. *"Com ela me vieram todos os bens, pois havia riquezas incalculáveis em suas mãos"* (Sb 7,11). Rezemos, portanto, pedindo, sem cessar, a

---

[16] Juan Palafox y Mendoza (1601-1659), espanhol, bispo de Puebla (México). Em 1653, bispo de Osma (Espanha).

perseverança e o amor. E para fazê-lo com mais confiança recordemo-nos sempre da promessa que Jesus nos fez: *"Em verdade, em verdade vos digo: 'Se pedirdes ao Pai alguma coisa em meu nome, ele vo-la dará'"* (Jo 16,25). Peçamos, pois, e peçamos sempre, se quisermos que Deus nos dispense todo bem. Rezemos por nós e, se formos zelosos da glória de Deus, rezemos também pelos outros. Agrada muito a Deus a oração pelos infiéis, pelos hereges e por todos os pecadores: *"Celebrem-te os povos, ó Deus, celebrem-te todos os povos!"* (Sl 66,6). Digamos: Senhor, que eu vos conheça, que eu vos ame! Lê-se na vida de Santa Teresa e de Santa Maria Madalena de Pazzi o quanto Deus lhes recomendou que rezassem pelos pecadores. Junto com a oração pelos pecadores coloquemos também a oração pelas santas almas do purgatório.

3. É preciso ir à oração não para sentir consolações espirituais, mas principalmente para nela acolher o que Deus quer de nós: *"Fala, que teu servo escuta!"* (1Sm 3,10). Senhor, fazei-me saber o que quereis de mim, que eu quero fazê-lo. Algumas pessoas seguem na oração até quando perduram as consolações. Quando cessam, deixam de rezar. De fato na oração Deus costuma consolar suas almas diletas e também lhes permite provar um pouco daquelas delícias que prepara no céu àqueles que o amam. Os amantes do mundo não conseguem entender

isto. Estes, habituados a provar apenas os prazeres do mundo, desprezam os celestes. Se os provassem, certamente deixariam todos os seus prazeres e se fechariam numa cela para estar a sós com Deus! A oração é uma conversa entre a alma e Deus: a alma lhe expõe seus afetos, desejos, seus temores, seus pedidos. E Deus lhe fala ao coração, fazendo-a conhecer sua bondade, o amor que tem, e o que deve fazer para satisfazê-lo: *"Por isso eu mesmo a seduzirei, conduzirei ao deserto e lhe falarei ao coração"* (Os 2,18).

Estas delícias, contudo, não se provam sempre. Em geral as almas santas sofrem aridez na oração: *"O Senhor prova os que o amam com a aridez e tentações",* escreve Santa Teresa. Acrescenta depois: *"Ainda que a aridez dure a vida toda, a não deixe de rezar: chegará o tempo em que tudo será bem recompensado".* O tempo de aridez é tempo de grande ganho. Humilhemo-nos, então, e resignemo-nos, (quando sem fervor e sem desejos e quase incapazes de fazer um ato bom). Humilhemo-nos, repito, e resignemo-nos, que esta oração produzirá em nós seus frutos mais do que outras orações. Basta que digamos, se não pudermos dizer outra coisa: Senhor, ajudai-me! Tende piedade de mim! Não me abandoneis! Recorramos também a Maria, nossa consoladora! Feliz de quem não abandona a oração, quando desolado! Deus o encherá de graças.

67

Ó meu Deus, como posso pretender ser consolado por vós? Eu que à esta altura mereceria estar no inferno, separado de vós para sempre e sem esperança de nunca mais poder vos amar! Não me lamento, pois, que me priveis de vossas consolações. Não as mereço e nem as quero. Basta-me saber que não sabeis despedir uma alma que vos ama. Não me impeçais de amar-vos e depois tratai-me como quiserdes. Se quiserdes fazer-me tão aflito e desolado até a morte e por toda a eternidade, fico contente assim. Basta-me que possa dizer: Meu Deus, eu vos amo, eu vos amo. Maria, mãe de Deus, tende piedade de mim!

16

A misericórdia de Deus

É tão grande o desejo de Deus em nos distribuir suas graças que (como diz santo Agostinho) Ele tem muito mais vontade de nos dispensá-las do que nós em recebê-las. Isto porque, como dizem os filósofos, a bondade é, por si mesma, levada a se difundir em benefício dos outros. Deus, sendo bondade infinita, tem um infinito desejo de comunicar-se com suas criaturas e fazer-nos participantes de seus bens. Daí nasce a grande misericórdia que o Senhor tem de nossas misérias. Dizia Davi que a terra está cheia da misericórdia divina. Não está cheia de justiça divina, porque Deus só a exerce, punindo os malfeitores, quando convém e quando quase constrito a usá-la. Pelo contrário, Ele é fácil e pródigo em usar de sua misericórdia para com todos e em todos os tempos. Por isso escreve São Tiago: *"A misericórdia triunfa sobre o juízo"* (Tg 2,13). A misericórdia arrebata, com frequência, da mão da justiça os castigos preparados para os pecadores e lhes obtém o perdão. Assim o profeta chamava a Deus com o nome de misericórdia: *"Meu Deus, minha misericórdia"*

(Sl 58,18, Vulgata). E dizia também: "*Por causa de teu nome, Senhor, perdoa minha culpa, que é grave*" (Sl 24,11). Por vosso nome, perdoai-me, Senhor, vós que sois a própria misericórdia.

Isaías dizia que o castigo não é obra conforme o coração de Deus; em certo sentido ela lhe é estranha e não de acordo com sua inclinação (cf. Is 28,21, Vulgata). Sua grande misericórdia levou-o a enviar seu próprio Filho ao mundo, a fazer-se homem e a morrer numa cruz para nos libertar da morte eterna. Por isso cantou Zacarias: "*Pelas entranhas da misericórdia de nosso Deus pela qual nos visitou, nascendo do Alto*" (Lc 1,78, Vulgata). Pela expressão "entranhas da misericórdia" deve se entender uma misericórdia que procede do mais profundo do coração de Deus. Ele preferiu, antes, que seu Filho feito homem morresse o mais depressa possível para que não ficássemos perdidos.

Para se compreender quanto sejam grandes a piedade de Deus para conosco e seu desejo de nos fazer o bem, basta ler aquelas poucas palavras que Ele diz no Evangelho: "*Pedi e será dado*" (Mt 7,7). O que mais pode um amigo dizer a seu amigo, para demonstrar-lhe seu afeto, senão "*peça-me aquilo que quiser e eu lho darei?*" Assim diz Deus a cada um de nós.

Vendo nossa miséria, convida-nos a irmos até Ele e promete aliviar-nos: "*Vinde a mim todos vós, fatigados e sobrecarregados, e eu vos aliviarei"* (Mt 11,28). Aos hebreus, que se queixavam de Deus e não queriam mais pedir-lhe graças, respondeu-lhe Jeremias: *"Sou eu um deserto para Israel ou uma terra tenebrosa? Por que o povo diz: 'Queremos errar livremente, não voltaremos mais a ti?"* (Jr 2,21). Com isso Deus mostrava aos hebreus que eles não tinham razão, pois, Ele sempre e imediatamente consola quem a Ele recorre, como nos diz pelo profeta Isaías: *"Ele te fará misericórdia logo que gritares, ao ouvir-te, ele responderá"* (Is 30,19).

"És pecador e queres o perdão? Não duvides, diz São João Crisóstomo, *que Deus tem mais desejo de te perdoar do que tu de seres perdoado[17]."* Se, pois, Deus vê alguém obstinado em seu pecado, ele o espera para usar de misericórdia para com ele: *"O Senhor espera o momento de vos mostrar sua graça, ele se levanta para manifestar-vos sua misericórdia"* (Is 30,18). E lhe mostra também o castigo que lhe espera, a fim de que se emende: *"Mas deste um sinal aos que te temem, para que fugissem diante do arco para que se salvem teus prediletos"* (Sl 59,6). Agora Ele se põe a bater à porta de seu coração para que abra: *"Eis que estou à porta e bato"* (Ap 3,20). Ou lhe vai atrás, dizendo: *"Por que havereis de morrer, casa de Israel?"* (Ez 18,31). Como se dissesse, movido

---

[17] "Non adeo cupis dimittit peccata tua, sicut ille cupit dimittere", *In Matth.*, Hom. 23.

de compaixão: *Filho, por que queres te perder?* Escreve Dionísio Areopagita que Deus chega até mesmo a suplicar para que não se perca. Assim também o Apóstolo Paulo; *"Em nome de Cristo vos pedimos: Reconciliai-vos com Deus!"* (2Cor 5,20). São João Crisóstomo comenta: *"O próprio Cristo vos pede, mas o quê? Reconciliai-vos com Deus".*

Se, mesmo assim, alguns querem seguir como obstinados, o que mais pode o Senhor fazer? Ele faz saber a todos que não rejeitará aquele que a Ele se converte: *"Quem vem a mim não jogarei fora"* (Jo 6,37). Ele está disposto a abraçar a todo aquele que a Ele se converte: *"Retornai a mim e eu retornarei a vós"* (Zc 1,3). Ao ímpio que se arrepende promete perdoar e esquecer-se de seus pecados: *"Mas se o ímpio se arrepender de todos os pecados cometidos... viverá com certeza e não morrerá. Nenhum dos crimes cometidos será lembrado contra ele"* (Ez 18,21-22). Chega mesmo a dizer: *"Vinde, debatamos, diz o Senhor. Ainda que vossos pecados sejam como púrpura, tornar-se-ão brancos como a neve"* (Is 1,18). Ele diz *"debatamos"*, como se dissesse "vinde a mim arrependidos e se eu não vos abraçar, proclamai-me como aquele que falta à palavra dada.

Não. O Senhor não sabe desprezar um coração contrito: *"Um coração contrito e humilhado, ó Deus, não rejeitas"* (Sl 50,19). Lê-se em

São Lucas que Ele abraçou, com grande alegria, a ovelha perdida (cf. Lc 15,5). E com que amor acolheu o filho extraviado, quando de regresso à casa (cf. Lc 15,20). Neste mesmo texto Jesus diz que se faz mais festa no céu por um pecador que se arrepende do que noventa e nove justos (cf. Lc 15,7). A razão disto, diz São Gregório, é porque os pecadores compungidos em geral costumam ser mais fervorosos no amor a Deus do que os tíbios inocentes[18].

> Meu Jesus, já que tivestes tamanha paciência em esperar-me e tanto amor em perdoar-me, eu quero amar-vos muito. Este amor, porém, vós tereis que me dar. Dai-mo, Senhor. É pouca honra para vós que um pecador, que foi tão agraciado por vós, ame-vos. Meu Jesus, quando começarei a ser grato para convosco assim como fostes tão bom para comigo? No passado, em vez de ser grato, eu vos ofendi e desprezei. Deverei, acaso, viver sempre assim para convosco, vós que fizestes tudo para ganhar meu amor? Não, meu Salvador. Quero amar-vos e não mais vos dar desgosto. Vós me pedistes para vos amar e outra coisa não quero senão isto. Vós me buscastes e eu não busco nada a não ser a vós. Dai-me vossa ajuda, pois sem ela, nada posso. Ó Maria, mãe da misericórdia, conduzi-me a Deus.

---

[18] "Plerumque gratior est Deo fervens post culpam vita, quam securitate torpens innocentia", *Apud* CORN. A LAP. In. I c.

17

A confiança em Jesus Cristo

É muito grande, como dissemos antes, a misericórdia de Jesus para conosco. Ele quer, no entanto, para nosso proveito maior, que nela esperemos, confiantes em seus méritos e em suas promessas. Por isso São Paulo nos recomenda conservar sempre esta confiança, dizendo que ela nos traz uma grande recompensa: *"Não percais esta convicção, que tem grande recompensa"* (Hb 10,35). Quando, pois, o temor do juízo divino quiser esmorecer nossa confiança, devemos afugentá-lo e dizer a nós mesmos, como canta nosso sábio D. Saverio Mattei em sua excelente tradução do Salmo 42:

> Não sabeis esperar,
> E palpitais assim, meu coração?
> Por favor, acabai com este temor!
> Não palpiteis assim!
> Por que me perturbais?
> Esperai no Senhor!
> Um dia cantaremos
> Sua grandeza e prestígio!

O Senhor revelou a Santa Gertrudes que nossa confiança o força tanto que Ele nos ouve em tudo o que pedimos. São João Clímaco afirma que a oração confiante faz certa pressão junto de Deus, que a aceita e lhe é agradável." São Bernardo escreveu que a misericórdia divina é como uma imensa fonte onde quem traz um recipiente maior de confiança, leva mais abundância de graças. É o que diz o salmista: *"Venha a nós, Senhor, a tua misericórdia, pois em ti esperamos"* (Sl 32,22).

Deus declarou que protege e salva a todos os que nele confiam: *"Ele é um escudo para todos os que nele se refugiam"* (Sl 18,31; cf. 16,7). Alegrem-se, pois, dizia Davi, todos os que esperam em vós, meu Deus, porque serão eternamente felizes e vós sempre habitareis nele. Ele diz: *"A misericórdia do Senhor envolve a quem nele confia"* (Sl 31,10). Quem confia no Senhor, Ele, em sua misericórdia, o envolverá e o guardará de tal forma que se sentirá seguro do perigo de se perder.

Ah! Como são grandes as promessas que as Escrituras fazem àqueles que em Deus esperam! Vemo-nos perdidos pelos pecados cometidos? O remédio está aí: vamos com confiança, diz o apóstolo, aos pés de Cristo e aí encontraremos o perdão: *"Aproximemo-nos, pois, confiantemente, do trono da graça, a fim de alcançarmos misericórdia e achar a graça de um auxílio oportuno"*

75

(Hb 4,16). Não esperemos ir a Jesus, quando juiz num trono de justiça; vamos logo agora que se senta num trono de graça. São João Crisóstomo afirma que nosso Salvador tem muito mais desejo de nos perdoar do que nós de sermos perdoados.

Mas eu, diz aquele pecador, não mereço ser ouvido, quando peço perdão. Respondo que, se não merece, sua confiança na misericórdia divina impetra-lhe a graça. Porque tal perdão não se apoia em seu merecimento mas na promessa divina de perdoar a quem se arrepende. Por isso diz Jesus: *"Todo aquele que pede, recebe"* (Lc 11,10). O autor da *Obra Imperfeita* comenta dizendo que todos, sejam justos ou pecadores, recebem. Basta que rezem com confiança. Ouçamos do próprio Jesus o que faz a confiança: *"Tudo o que pedirdes ao rezar, crede que recebereis e vos será dado"* (Mc 11,24).

Quem, pois, por fraqueza, teme cair em antigos pecados, confie em Deus e não mais recairá, como assegura o profeta: *"Não serão punidos os que nele se refugiam"* (Sl 34,23). Escreve Isaías que *"os que ficam à espera do Senhor, retemperam as forças"* (40,31). Sejamos, pois, fortes para não vacilarmos na confiança, como diz São Paulo, pois Deus prometeu proteger aquele que nele espera. Por isso, quando algumas coisas nos parecerem muito difíceis de serem superadas, digamos: *"Tudo posso naquele que me conforta"* (Fl 4, 13). Há alguém que confiou em Deus e se perdeu? *"Quem é que confiou no Senhor e foi confundido? Quem perseverou em seu temor e foi abandonado? Quem o invocou e se viu desprezado?"* (Eclo 2,10). Mas não procuremos buscar sempre aquela confiança sensível, feita de sentimentos. Basta-nos a vontade de confiar. Esta é a verdadeira confiança: querer confiar em Deus, que é bom, e deseja nos ajudar; que é poderoso e pode nos ajudar; que é fiel e nos prometeu ajuda. E de modo especial valhamo-nos da promessa de Jesus Cristo: *"Se pedirdes ao Pai alguma coisa em meu nome, Ele vo-la dará"* (Jo 16,23). Procuremos, pois, as graças em Deus, por intermédio de Jesus Cristo, e alcançaremos tudo o que quisermos.

> Ó eterno Deus, eu sei que sou pobre de tudo. Nada posso e nada tenho que não tenha vindo de vossas mãos. Digo-vos apenas isto: Senhor, tende piedade de mim! O pior é que, a minha pobreza acrescentei o demérito de não corresponder a vossas graças, com as ofensas que vos fiz. Mas, apesar de tudo, espero de vossa bondade esta dupla misericórdia: que me perdoeis meus pecados e depois que me deis a santa perseverança com vosso amor e a graça de sempre vos pedir auxílio até à morte.
>
> Tudo peço e espero pelos méritos de Jesus, vosso Filho e da Virgem Maria. Minha grande advogada, socorrei-me por vossas preces.

18

Só a salvação é necessária

Uma só coisa é necessária (Lc 10,42). Não é necessário que neste mundo sejamos honrados com dignidades, providos de riquezas, de boa saúde e de prazeres terrenos. Necessário é que nos salvemos. Não há meio termo: se não formos salvos, seremos condenados. Depois desta vida ou seremos para sempre felizes no céu ou para sempre infelizes no inferno.

Ah! meu Deus! O que será de mim? Salvar-me-ei ou me perderei? Uma ou outra sorte me caberá. Espero salvar-me, mas quem me garante? Sei que tantas vezes tenho merecido o inferno. Jesus, meu salvador, vossa morte é minha esperança.

Quantos deste mundo que foram agraciados com riquezas e honras, elevados a grandes postos e também a tronos e agora se encontram no inferno, onde todas as suas fortunas adquiridas neste mundo para nada lhes servem senão para maior sofrimento e desespero! Eis o que nos avisa o Senhor: *"Não cumuleis riquezas na terra... Ajuntai riquezas no céu, onde nem a traça e a ferrugem as corroem"* (Mt 6,19-20). Com a morte, tudo o que adquirimos de bens terrenos, perde-se. Mas o que adquirimos de bens espirituais são tesouros sem igual, maiores e eternos.

Deus nos diz que quer salvar a todos (cf. 1Tm 2,4). E a todos dá sua ajuda para tal. Miserável de quem se perde! A culpa é toda dele! *"Eis que estás destruído, Israel, porque só em mim está teu auxílio"* (Os 13,9). E este será o maior sofrimento dos condenados: pensar que se perderam por própria culpa.

"O castigo do ímpio é o fogo e o verme" (Ecl 7,17). O fogo e o verme, isto é, o remorso de consciência, serão os algozes do condenado, em vingança de seus pecados. O verme, porém, o atormentará muito mais do que o fogo e eternamente. Como sofremos neste mundo quando, por descuido, perdemos alguma coisa de valor, um diamante, o relógio, a carteira! Não comemos, não dormimos, pensando nisto, mesmo na esperança de reencontrá-la. Qual será o tormento de um condenado ao pensar que, por própria culpa, perdeu a Deus, o paraíso, sem esperança de nunca mais poder recuperá-los!

Erramos! Este será o pranto eterno dos pobres condenados: "Erramos, perdendo-nos voluntariamente". E para nosso erro não há mais remédio". Para todas as desgraças que atingem a muitos nesta vida se acha, com o tempo, remédio. Ou com a mudança de situação, ou também com a resignação à vontade divina. Mas, se erramos o caminho do céu, nenhum destes remédios nos

79

servirá depois, na eternidade. Por isso São Paulo exorta-nos a procurar a salvação eterna num contínuo temor de perde-la: *"Trabalhai para vossa salvação com temor e tremor"* (Fl 2,12). Este temor nos fará caminhar com cuidado e fugir das más ocasiões, fazendo-nos recomendar continuamente a Deus e assim nos salvar.

Peçamos ao Senhor que sempre tenhamos em mente que daquele último suspiro, na hora de nossa morte, vai depender sermos felizes ou infelizes eternamente, sem esperança alguma de reverter a situação.

> Meu Deus, eu muitas vezes desprezei vossa graça e não mereceria piedade. Mas o profeta me diz que usareis de bondade com quem vos busca: "O Senhor é bom para quem nele espera, para a alma que o busca" (Lm 3,25). No passado eu fugi de vós. Agora, porém, nada busco, nada aspiro e nada quero amar, senão a vós. Não me desprezeis, por piedade! Recordai-vos do sangue que por mim derramastes: este sangue juntamente com a vossa intercessão, ó Maria, mãe de Deus, são toda a minha esperança.

19

A perfeita resignação à vontade de Deus

"**M**eu alimento é fazer a vontade daquele que me enviou" (Jo 4,34). Assim diz Jesus de si mesmo. O alimento é o que nos conserva a vida. Por isso é que disse que seu alimento era fazer a vontade do Pai. Isto deve ser também o alimento de nossas almas. *"Em sua vontade está a vida"* (Sl 29,6, Vulgata). Para nós, viver consiste em realizar a vontade de Deus: quem não a realiza, está morto.

Escreve o sábio: *"Aqueles que o amam fielmente, fazem sua vontade"* (Sb 3,9, Vulgata). Aqueles que são pouco fiéis em amar a Deus gostariam que Ele se conformasse às suas vontades e fizesse tudo o que desejam. Os que amam a Deus, porém, conformam-se à vontade de Deus e aceitam tudo o que Deus lhes faz. E em tudo o que lhes advêm, enfermidades, desonras, desgostos, perda de coisas ou de parentes, têm sempre na boca e no coração aquele *faça-se a tua vontade,* frase usual dos santos.

Deus quer o melhor para nós, isto é, a nossa santificação: *"A vontade de Deus é esta: vossa santificação"* (1Ts 4,3). Procuremos, pois, contentar nossa vontade, unindo-a sempre à vontade de Deus. Assim também o intelecto, pensando que tudo o que Deus nos faz é o melhor para nós. Quem não faz assim, jamais encontrará paz. Toda perfeição neste mundo – lugar de purificação e consequentemente de sofrimentos e labuta – consiste em sofrer com paciência as coisas contrárias ao nosso amor próprio. E para sofre-las com paciência não há meio mais eficaz que sofre-las para fazer a vontade de Deus. *"Reconcilia-te com ele e terás paz"* (Jó 22,21). Quem em tudo se conforma à vontade de Deus estará sempre em paz e nada do que lhe acontece o perturbará: *"Aconteça o que for, o justo não se perturbará"* (Pr 12,21). E por quê? Porque sabe que tudo quanto sucede no mundo é vontade divina. A vontade divina apara, digamos assim, todos os espinhos e tira a amargura de todos as tribulações que vêm neste mundo. Uma canção, falando da divina vontade, diz assim:

> Vós mudais as cruzes em sorte.
> Vós fazeis doce a morte.
> Não há cruz nem temor
> a quem sabe unir-se a vós.
> Quão digna és de amor,
> ó vontade divina![19]

---

[19] *Canzoncine spirituali,* in *Opere ascetiche,* o.c., Torino, vol. I, p. 527-536.

Para reencontrar uma perfeita paz em meio a tantos trabalhos desta vida São Pedro nos dá este belo conselho: *"Lançai sobre Ele vossas preocupações, que Ele cuida de vós"* (1Pd 5,7). Se Deus vela pelo nosso bem, por que nos preocupamos com tantos cuidados, como se o nosso bem dependesse de nossos cuidados, e não nos abandonamos nas mãos de Deus, de quem tudo depende? *"Entrega-te ao Senhor e Ele te sustentará"* (Sl 54,23). Esforcemo-nos para fazer tudo o que Deus nos pede e aconselha, deixando para Ele o cuidado de nossa salvação. Ele se ocupará em nos dar todos os meios de que necessitamos para nossa salvação. *"Terás a tua vida como despojo pois em mim pusestes tua confiança"* (Jr 39,18). Quem depõe toda a sua confiança em Deus está seguro de sua salvação eterna.

Em suma, quem faz a vontade de Deus entra no paraíso. Quem, porém, não a cumpre, fica fora. Alguns põem sua salvação eterna em certas devoções, em certas obras externas de piedade e no entanto não realizam a vontade divina. Mas Jesus diz: *"Nem todo aquele que me diz: 'Senhor, Senhor', entrará no reino dos céus mas quem fizer a vontade de meu Pai, que está nos céus"* (Mt 7,21).

Se quisermos nos salvar e conquistar a perfeita união com Deus, procuremos rezar sempre com Davi: *"Ensina-me a fazer a tua vontade"* (Sl 142,10). E, ao mesmo tempo, despojemo-nos da vontade própria e a ofertemos, totalmente a Deus. Quando lhe damos as coisas por meio de esmolas, os alimentos por meio dos jejuns, o sangue por meio da disciplina, nós lhe damos de nossas coisas. Quando, porém, damos-lhe a vontade, então damo-nos a nós mesmos inteiramente. Quem entrega toda a sua vontade a Deus poderá dizer-lhe: Senhor, com a entrega de minha vontade, nada mais tenho a vos dar. O sacrifício da própria vontade é o sacrifício mais agradável a Deus. Ele enriquece de graças quem o faz.

Mas para ser perfeito, este sacrifício deve comportar duas condições: ser *sem reserva* e *contínuo*. Alguns entregam a Deus a vontade, mas com reserva. Isto pouco agrada a Deus. Outros, porém, dão a Deus sua vontade, mas logo a retomam. Estes se põem em grande perigo de serem abandonados por Deus. Por isso é preciso que todos os nossos esforços, desejos e orações lhe sejam endereçados para obter a perseverança de sempre fazer sua vontade. Renovemos, pois, a cada dia, a entrega total de nossa vontade a Deus e guardemo-nos de buscar ou desejar alguma coisa fora de sua vontade. Assim cessarão em nós as paixões, os desejos, os temores e todos os afetos desordenados. Dizia soror Maria da Cruz, filha do imperador Maximiliano e monja descalça de Santa Clara, quando ficou cega: *"Como quero eu ver, quando Deus não quer que eu veja?"*

Ó Deus de minha alma, recebei o sacrifício de toda a minha vontade e de toda a minha liberdade. Sei que mereceria que me voltásseis as costas e rejeitásseis esta minha oferta, porque muitas vezes vos fui infiel. Sinto, porém, que de novo me pedis para vos amar de todo o meu coração. Por isso estou certo que vós me aceitareis. Eu me resigno inteiramente a vossa vontade: fazei-me saber o que quereis de mim que quero cumpri-lo integralmente. Fazei que eu vos ame e disponde de mim e de todas as minhas coisas como vos aprouver. Estou em vossas mãos: fazei o que sabeis ser o melhor para minha salvação. Eu declaro que só a vós quero e nada mais. Ó mãe de Deus, obtende-me a santa perseverança.

Jesus, meu amado,
Eu não quero nada senão a vós.
Todo a vós me entrego, meu Deus:
Fazei de mim o que quiserdes[20].

---

[20] Cf. citação anterior.

20

Feliz quem é fiel a Deus nas adversidades

O soldado prova sua fidelidade no combate e não no repouso. Esta terra é para nós um lugar de combate onde cada um de nós é colocado para lutar até a vitória e para se salvar. E, se não vencer, estará eternamente perdido. Jó dizia: *"Espero todos os dias de luta, até que chegue para mim a hora de mudança"* (Jó 14,14, Vulgata). Jó estava cansado de tanta luta, mas consolava-o a esperança que, vencendo e ressurgindo depois da morte, mudaria de situação. Desta mudança já falava, com alegria, São Paulo: *"Os mortos ressuscitarão incorruptos e nós seremos transformados"* (1Cor 15,52). No céu há uma mudança de situação: Não é mais lugar de fadiga, mas de repouso; não de medo, mas de segurança; não de tristeza e tédio, mas de alegria e júbilo eterno. Com a esperança de tal júbilo, animemo-nos a combater até à morte e não nos demos nunca por vencidos *até que aconteça nossa mudança*, até que cheguemos ao final de nosso combate e a posse da vida feliz.

"O homem paciente resistirá até o momento oportuno; depois a alegria lhe será restituída" (Eclo 1,23). Feliz de quem sofre por Deus nesta vida. Sofre algum tempo, mas sua alegria será eterna na pátria feliz. As perseguições terão fim, desaparecerão as tentações, as doenças, as moléstias e todas as misérias deste mundo. E Deus nos dará uma vida repleta de alegria que durará para sempre. Agora é tempo de podar a vinha e de cortar tudo o que nos impede de caminhar para a terra prometida do céu: *"Chegou o tempo da poda"* (Ct 2,12). A poda comporta dor e por isso é preciso ter paciência: *depois a alegria lhe será restituída;* depois o tempo das consolações em proporção ao nosso sofrimento. Deus é fiel a quem sofre com resignação, por seu amor, promete ser Ele mesmo sua recompensa, imensamente superior a todos os nossos sofrimentos: *"Eu sou a tua grande recompensa"* (Gn 15,2, Vulgata). No entanto, antes de receber a coroa da vida eterna, o Senhor quer que sejamos provados com tentações: *"Feliz o homem que suportar a provação, porque, provado, receberá a coroa da vida que Deus prometeu a quem o ama"* (Tg 1,12). Feliz, pois, quem é fiel a Deus nas adversidades. Alguns pensam serem amados por Deus, quando todas as coisas temporais lhes correm bem e não têm dificuldades. Enganam-se, porém, porque Deus prova, não com prosperidades, mas com adversidades, a paciência e

87

a fidelidade de seus servos para depois lhes dar a coroa que não se corrompe, como se corrompem todas as coroas desta terra. Será a coroa da glória eterna, como escreve São Pedro: *"Recebereis a coroa imarcescível da glória"* (1Pd 5,4). A quem, pois, Ele prometeu esta coroa? *A quem o ama*, responde São Tiago. Deus prometeu e renovou sua promessa a quem o ama. Assim o amor divino nos fará combater com coragem e alcançar a vitória.

Ao amor divino deve-se unir a humildade. O Eclesiástico diz: *"É no fogo que se prova o ouro e é no cadinho da humilhação que se experimentam os homens agradáveis a Deus"* (Eclo 2,5). Nas humilhações se revelam os santos. Nelas se prova se são ouro ou chumbo. Alguém é considerado como santo, mas, ao receber um agravo, perturba-se todo e se lamenta com todos, buscando que se puna o autor. Isto é sinal do que? Que é chumbo. Diz o Senhor: *"Nas vicissitudes das humilhações tem paciência"* (Eclo 2,4). O soberbo julga uma grande injustiça a humilhação que recebe e por isso não pode suportá-la. O humilde, ao contrário, julgando-se digno de qualquer maltrato, tudo sofre com paciência. Quem cometeu um pecado mortal, veja o inferno que mereceu e assim sofrerá com paciência todo desprezo e dor.

Amemos, portanto, a Deus, sejamos humildes e tudo quanto fizermos seja para dar gosto a Deus e não a nós. Maldito amor próprio que se intromete em tudo, não poupando os exercícios espirituais, a oração, as penitências e que procura seu interesse próprio em todas as obras de piedade! Raras são as almas espirituais que não caem neste defeito. *"Uma mulher competente, quem a encontrará? Seu valor é superior ao das pérolas"* (Pr 31,10). Onde encontrar uma alma tão forte que, despojada de toda paixão e interesse próprio, continue amando a Jesus Cristo em meio aos desprezos, às dores, às desolações de espírito e aos desgostos da vida? Salomão diz que elas são pedras preciosas de altíssimo valor. Provêm das mais distantes extremidades do mundo e por isso são raríssimas.

> Meu Jesus Crucificado, eu sou um daqueles que, em minhas devoções, andei buscando meu gosto e minha satisfação. Bem diferente de vós que, por meu amor, levastes uma vida atribulada e despojada de todo conforto. Dai-me vossa ajuda, porque de hoje em diante quero buscar somente vosso gosto e vossa glória. Quero amar-vos sem interesses. Mas sou fraco e vós deveis dar-me força para realizá-lo. Sou vosso. Disponde de mim como vos aprouver. Fazei que vos ame e nada mais vos peço. Maria, minha mãe, fazei, com vossa intercessão, que eu seja fiel a Deus.

21

Quem ama a Jesus deve detestar o mundo

Quem ama a Jesus Cristo com amor verdadeiro muito se alegra quando se vê tratado pelo mundo como Jesus, a quem o mundo odiou, injuriou e perseguiu até fazê-lo morrer de dor, pendente de um patíbulo infame. O mundo é todo contrário a Jesus Cristo e por isso, ao detestá-lo, detesta também todos os seus seguidores. Por isso o Senhor encorajava seus discípulos a sofrer na paz as perseguições do mundo, dizendo-lhes: *"Se fosseis do mundo, o mundo vos amaria como seus. Como não sois do mundo, mas eu vos escolhi do mundo, Por isso o mundo vos odeia"* (Jo 15,19).

Ora, assim como os que amam a Deus são detestados pelo mundo, assim o mundo deve ser detestado por quem ama a Deus. São Paulo dizia: *"Quanto a mim, não pretendo jamais gloriar-me a não ser na cruz de Nosso Senhor Jesus Cristo, por quem o mundo está crucificado para mim e eu para o mundo"* (Gl 6,14). O mundo detestava o Apóstolo, como se detesta um homem condenado e morto na cruz e São Paulo, de sua parte, detestava o mundo: *o mundo está crucificado para mim.*

Jesus Cristo quis morrer crucificado pelos nossos pecados, para nos libertar do amor a este mundo maligno: *"Entregou-se por nossos pecados, para nos livrar da maldade do século presente"* (Gl 1,4).

O Senhor, tendo nos chamado a seu amor, deseja que estejamos acima das promessas do mundo e de suas ameaças. Quer que não levemos em conta suas críticas e elogios. Precisamos pedir a Deus que nos faça esquecer de fato do mundo e nos alegrar quando vemos que o mundo nos rejeita. Para ser todo de Deus não basta abandonar o mundo mas é preciso que o mundo nos abandone e se esqueça de fato de nós. Alguns abandonam o mundo mas continuam desejando os seus elogios, pelo menos por tê-lo abandonado. Estes, nutrindo o desejo de serem estimados pelo mundo, ainda o fazem viver em si mesmos.

Assim como o mundo odeia os servos de Deus, seus bons exemplos e máximas santas, assim também é preciso que o odiemos e a todas as suas máximas. *"O desejo da carne é hostil a Deus. A carne não se sujeita e nem pode se sujeitar à lei de Deus"* (Rm 8,7). Diz o apóstolo *não pode,* porque o mundo não tem outra finalidade senão seu próprio interesse e o prazer. Não pode, pois, estar de acordo com aqueles que procuram agradar somente a Deus.

91

Jesus, meu crucificado e morto por mim, só a vós quero agradar. Nada de mundo, nada de riqueza, nada de dignidades! Quero que vós, meu Redentor, sejais todo o meu tesouro. Amar-vos é minha riqueza. Se me quiserdes pobre, quero ser pobre; se me quiserdes humilhado e desprezado por todos, tudo abraço e tudo recebo de vossas mãos. Vossa vontade será sempre minha consolação. Esta é a graça que vos peço: fazei que em todos os acontecimentos eu nunca me separe de vossa santa vontade.

22

O agonizante falando com o Crucificado

J esus, meu Redentor, que dentro de pouco tempo sereis meu juiz, tende piedade de mim antes que venha o dia do julgamento. Quando vos contemplo morto sobre esta cruz, para me salvar, não me espantam meus pecados e nem o rigor de vosso julgamento. Neste meio tempo não deixeis de me confortar nas angústias em que me encontro. Elas querem me amedrontar, dizendo que para mim não há mais salvação: "Quantos dizem a meu respeito: ´Não há para ele salvação em Deus" (Sl 3,3). Eu, porém, jamais deixarei de confiar em vossa bondade, dizendo: "Mas tu, Senhor, és um escudo a meu redor, és minha glória e manténs erguida minha cabeça" (Sl 3,4). Vamos, consolai-me, fazei-me sentir que sois minha salvação: "Dize a minha alma: Eu sou tua salvação (Sl 34,3). Ah! que não me sejam perdidos tantos sofrimentos, tantas ignomínias por vós sofridas, e tanto sangue derramado! "Para redimir-me morrestes na cruz; não me sejam em vão tanto sofrimento![21] "Peço-vos de modo especial por aquela amargura que passastes quando vossa alma bendita separou-se de vosso corpo sacrossanto: tende piedade de mim quando ela sairá do meu corpo.

---

[21] Verso do *Dies Irae.*

É verdade que eu tantas vezes vos desprezei com meus pecados, mas agora vos amo sobre todas as coisas, mais do que a mim mesmo. Arrependo-me de todo o coração de todos os desgostos que vos dei, detesto-os e odeio-os mais do que todo mal. Vejo que pelas ofensas que vos fiz mereço mil infernos, mas a morte triste que por mim quisestes abraçar e tanta misericórdia que usastes para comigo, me fazem esperar com certeza que quando comparecer diante de vós me dareis o ósculo da paz.

Tudo confio em vossa bondade, meu Deus, abandono-me em vossos braços amorosos: "Em ti, Senhor, me refugio: que eu jamais seja decepcionado" (Sl 31,2). Pelas ofensas que vos fiz, mereci mais vezes o inferno. Espero, no entanto, em vosso sangue, que já me haveis perdoado. E espero ir ao céu para louvar vossa misericórdia eternamente. "Cantarei eternamente os favores do Senhor" (Sl 89,2).

Aceito de boa vontade todos os sofrimentos que, no purgatório, me destinais. É justo que o fogo me puna todas as injúrias que vos fiz. Ó cárcere santo, quando me acharei recolhido em vós, na segurança de não mais poder perder meu Deus? Ó fogo santo, quando me purificareis de toda a minha sujeira e me fareis digno de entrar na pátria dos santos?

Pai eterno, pelos méritos da morte de Jesus Cristo, fazei-me morrer em vossa graça e em vosso amor para que possa sempre vos amar. Agradeço-vos todas as graças que me destes em minha vida e especialmente a grande graça da fé e por me dardes receber, nestes últimos dias de minha vida, todos os santos sacramentos.

Vós quereis minha morte e eu quero morrer, para vos agradar. É pouco, Jesus, meu salvador, eu morrer por vós, vós que morrestes por mim.

Alegre vos digo com São Francisco: "Morra eu por amor de vós que vos dignastes morrer por amor de mim".

Aceito na paz a morte e os sofrimentos que até lá me vierem. Ajudai-me a sofrê-los com perfeita uniformidade a vossa vontade. Eu os ofereço para vossa glória, unindo-os aos sofrimentos que padecestes em vossa paixão. Eterno Pai, eu vos sacrifico minha vida e todo o meu ser; peço-vos que o aceiteis pelos méritos do grande sacrifício que Jesus, vosso Filho, vos fez de si mesmo na cruz.

Maria, mãe de Deus e minha mãe, vós me obtivestes tantas graças junto de Deus. Eu vos agradeço, de todo o meu coração. Por favor, não me abandoneis neste tempo de minha morte em que mais necessito de vossas orações. Rogai, rogai a Jesus por mim! Alcançai-me mais desgosto pelos pecados e mais amor a Deus, a fim de que eu vá em vossa companhia para amá-lo para sempre e com todas as minhas forças no céu. "Em ti, Senhor, me refugio: que eu seja confundido eternamente[22]." Maria, minha esperança, eu confio em vós.

---

[22] Versículo final do *Te Deum*.

23

Oração por uma boa morte

*U*m anjo revelou a Santa Lidwina que sua coroa de méritos e de glória que a aguardava no céu só se completaria com os sofrimentos nos dias próximos à sua morte. O mesmo acontece com as almas santas que partem deste mundo. É certo que todos os atos bons de agradar a Deus são de grande mérito para todo aquele que morre na graça de Deus. De modo especial aqueles de resignação em aceitar a morte, com todos os seus sofrimentos, com a intenção de agradar a Deus.

Colocamos aqui orações que podem ser muito agradáveis ao Senhor na hora da morte:

> Meu Deus, eu vos ofereço minha vida e estou preparado para morrer quando quiserdes: faça--se vossa vontade, sempre, sempre!
> Senhor, se quiserdes deixar-me aqui por algum tempo ainda, bendito sejais! Eu o quero somente para vos amar e agradar-vos. Se quereis que eu morra nesta enfermidade, bendito sejais! Eu abraço a morte para fazer vossa vontade e repito: faça-se, faça-se vossa vontade! Só vos peço que me ajudeis neste momento: "Tende piedade de mim, ó Deus, por vossa bondade" (Sl 50,3). Se, entretanto, quiserdes que deixe este

mundo, eu me declaro pronto para morrer, porque assim o quereis.

Desejo morrer para que, com as angústias e amarguras de minha morte, eu satisfaça vossa justiça divina por tantos pecados com os quais vos ofendi e mereci o inferno. Quero ainda morrer para que tenham fim as ofensas e desgostos que vos dou nesta vida.

Quero morrer para testemunhar as graças que vos devo, por tantos benefícios e finezas que me fizestes, sem mérito algum de minha parte.

Quero amar-vos para demonstrar que eu amo mais a vossa vontade do a que minha vida.

Quero, se vos aprouver, morrer agora em que espero estar em vossa graça, na certeza de poder louvar e bendizer-vos para sempre.

Quero morrer de modo especial para chegar a amar-vos eternamente e com todas as minhas forças no céu, onde espero, por vosso sangue, ter a certeza de não mais deixar de vos amar por toda a eternidade. Meu Jesus, vós aceitastes a morte por meu amor, eu aceito a morte e todos os seus sofrimentos por vosso amor. Digo-vos com São Francisco: "Morra eu, Senhor, por vosso amor, vós que vos dignastes morrer por amor de mim". Meu Salvador, meu amor e único bem, eu vos peço por vossas santas chagas e por vossa morte dolorosa, fazei-me morrer em vossa graça e em vosso amor. Vós, que me comprastes com vosso sangue, não permitais que eu me perca: Dulcíssimo Jesus, não permitais que eu me separe de vós!

Senhor, não me expulseis de vossa presença. Confesso que por meus pecados mereci o inferno. Mas deles me arrependo mais do que todo mal e espero chegar a louvar-vos no céu por tanta

97

misericórdia que tivestes para comigo: "Cantarei eternamente os favores do Senhor" (Sl 88,2).

Eu vos adoro, Senhor, meu criador. Creio em vós, verdade eterna. Espero em vós, misericórdia infinita. Amo-vos, bondade suprema, amo-vos acima de todas as coisas, mais do que a mim mesmo, porque sois digno de ser amado. E porque vos amo, arrependo-me de todo o coração por ter desprezado vossa graça. Eu vos prometo antes morrer uma, mil mortes, do que dar-vos mais desgosto.

Ó Jesus, Filho de Deus, morto por mim, tende piedade de mim! Meu Salvador, salvai-me e minha salvação seja amar-vos para sempre. Maria, mãe de Deus, rogai a Jesus por mim; este é o momento em que deveis me ajudar: Maria, mãe da graça, mãe de misericórdia, protegei-me do inimigo e recebei-me na hora da morte. "Sob tua proteção nos colocamos, Santa Mãe de Deus". Santa Maria, mãe de Deus, rogai por nós, pecadores.

São José, meu pai, ajudai-me neste momento. São Miguel Arcanjo, livrai-me dos demônios que armam ciladas a minha alma. Meus santos protetores e vós, todos os santos do paraíso, rogai por mim.

E vós, meu Jesus crucificado, recebei em vossos braços minha alma. Eu vo-la entrego: Lembrai-vos que me redimistes com vosso sangue: Nós te pedimos, Senhor, socorrei vossos servos que remistes com vosso precioso sangue[23]. Meu Jesus crucificado, meu amor e minha esperança, viva eu ou morra, eu vos prometo querer só a vós e nada mais: Meu Deus, meu tudo! E o que mais posso eu querer fora de vós? "Se tu, a quem eu tenho no céu, estás comigo, nada mais desejo na

---

[23] Versículo do *Te Deum*.

terra... Deus é a rocha de meu coração, minha herança para sempre" (Sl 73, 25-26). Vós sois o amor de meu coração, minha única riqueza.

A vós entrego, pois, minha alma, a vós que a remistes com vossa morte: "Em tuas mãos recomendo meu espírito: tu, ó Senhor, Deus fiel, me resgatarás" (Sl 31,6). Digo, pois, confiado em tua misericórdia: Em vós esperei, Senhor. Não serei confundido para sempre.

Ó Maria, vós sois a nossa esperança: esperança nossa, salve! Por isso digo de novo: Esperei em ti, Senhor! Não serei confundido para sempre!

24

A morada eterna

"O homem seguirá para a morada eterna" (Ecl 12,5). Erramos ao chamar de nossa casa o lugar onde habitamos. A casa de nosso corpo em breve será uma sepultura onde ficará até o dia do juízo. A casa da alma é o paraíso ou o inferno, para onde mereceu ir e aí deverá permanecer para a eternidade.

Nossos cadáveres não irão à sepultura por si mesmos, mas carregados pelos outros. A alma, porém, irá por si mesma ao lugar que lhe tocar, de alegria ou de sofrimento eterno: *"O homem irá para a morada eterna"*. Conforme seu comportamento, bom ou mal, o homem chegará à casa do paraíso ou do inferno e desta casa não se mudará mais.

Os que habitam neste mundo mudam frequentemente de casa, por seu gênio ou porque despejados. Na eternidade jamais se muda de casa. Onde se entra pela primeira vez, aí se permanece para sempre. *"A árvore, caindo para o sul ou para o norte, no lugar onde caiu, lá fica"* (Ecl 11,3). Quem entra no céu será sempre feliz, quem entra no inferno, sempre infeliz.

Portanto quem entra no céu estará sempre unido a Deus, sempre junto com os santos, sempre em suprema paz e estará plenamente contente. Porque todo bem-aventurado está repleto e saciado de alegria e nunca terá medo de perdê-la. Se fosse tomado pelo medo de perdê-la, não seria mais bem-aventurado, porque só a suspeita de perder tal alegria perturbaria a paz de que gozam. Ao contrário, quem entra no inferno estará sempre distante de Deus, sempre a penar naquele fogo, entre os condenados. Não se deve pensar de forma alguma que os sofrimentos do inferno sejam semelhantes aos da terra, onde, com o costume, vai-se diminuindo sofrimento. No paraíso as delícias nunca causarão tédio. Parecerão sempre novas, como se fosse a primeira vez que a usufruíssem, dando sentido àquele cântico novo que sempre cantarão os bem-aventurados: *"E cantavam um cântico novo diante do trono"* (Ap 14,3). No inferno, ao contrário, as penas nunca lhes serão minoradas e o costume jamais lhes diminuirá a pena. Os condenados provarão sempre da mesma angústia que provaram quando aí entraram.

Para se salvarem, os santos fizeram muito ao entrar nas grutas e desertos, comendo ervas e dormindo no chão duro. Não fizeram muito, diz São Bernardo, porque, quando se trata da eternidade, não há garantia que baste: *"Nenhuma garantia é demais quando está em perigo a eternidade"*. Quando, pois, Deus nos visita com alguma cruz de enfermidade, de pobreza ou de outro mal, recordemo-nos do inferno merecido e

101

assim toda tribulação nos parecerá pequena. Digamos agora com Jó: *"Pequei e violei a justiça, mas Deus não me retribuiu"* (Jó 33,27).

Senhor, eu vos ofendi e tantas vezes vos traí e não fui punido como merecia. Como posso, pois, lamentar-me, se me mandais alguma tribulação?

> Ah! meu Jesus, não me mandeis ao inferno que no inferno não mais vos poderei amar, mas odiar-vos para sempre. Privai-me de tudo, das coisas, da saúde, da vida, mas não me priveis de vós. Fazei que vos ame e sempre vos louve e depois castigai-me e fazei de mim o que quiserdes. Ó mãe de Deus, rogai a Jesus mim!

25

Quem ama a Deus deseja ir vê-lo no céu

"*O tempo em que passamos no corpo é um exílio distante do Senhor*" (2Cor 5,6). Aqueles que neste mundo amam unicamente a Deus são como tantas almas peregrinas, destinadas, segundo seu estado presente, a serem esposas eternas do Rei do céu, vivendo, porém, longe dele, sem poder vê-lo. Por isso outra coisa não fazem senão suspirar pela pátria feliz onde sabem que o esposo as espera.

Sabem que o amado está sempre presente, mas como que escondido atrás da porta, não se deixando ver. Está muitas vezes como acontece com o sol entre as nuvens. De quando em quando faz transpirar entre as elas alguns raios de seu esplendor, mas não se deixa ver abertamente. Estas diletas esposas têm uma venda diante dos olhos que não lhes permite ver o objeto amado. Por outro lado, vivem contentes, conformando-se à vontade do Senhor que quer retê-las no exílio e longe de si. Mas, mesmo assim, não podem deixar de suspirar continuamente por conhecê-lo face a face para melhor saboreá-lo e principalmente para melhor amá-lo.

103

Frequentemente se põem a lamentar com seu dileto porque não se deixa ver, dizendo-lhe: Único amor de meu coração, já que me amais tanto e me feristes com vosso amor, por que vos escondestes de mim e não vos mostrais? Sei que sois uma beleza infinita, amo-vos mais do que a mim mesmo, embora não vos tenha visto ainda. Mostra-me vossa bela face. Eu quero vos conhecer abertamente para que eu não olhe mais para mim mesmo e nem para outra criatura e não pense senão em vos amar, meu sumo bem.

Quando para estas almas enamoradas de Deus transpira algum raio da bondade divina e do amor que Deus lhes tem, elas quereriam desfazer-se e consumir-se de afeto por Ele. No entanto, o sol ainda lhes está encoberto pelas nuvens e seu belo rosto ainda oculto detrás da cortina. Mantêm ainda a venda sobre os olhos que lhes impedem de vê-lo face a face. Qual será, porém, sua alegria quando as nuvens se desfizerem e a cortina se abrir, quando se lhes tirarem a venda dos olhos e aparecer-lhes, sem véu, o belo rosto do Esposo, de tal forma que verão à luz do dia sua beleza, sua bondade, sua grandeza e o amor que lhes traz?

> Ó morte, por que tardas tanto a chegar? Se não vieres, não poderei ir ver meu Deus. Serás quem me abrirá a porta para que possa entrar no palácio de meu Senhor. Ó pátria feliz, quando será aquele dia em que me encontrarei nos divinos tabernáculos!

Ó amado de minha alma, meu Jesus, meu tesouro, meu amor, meu tudo, quando será aquele feliz momento em que eu, deixando a terra, me verei unido totalmente convosco! Não mereço esta sorte. Mas o afeto que me demonstrastes e mais vossa vontade infinita me fazem esperar que um dia estarei reunido àquelas felizes almas que, unidas inteiramente a vós, vos amam e vos amarão com perfeito amor toda a eternidade. Ah! Meu Jesus, vós vedes a situação em que me encontro: a de estar sempre convosco ou sempre distante de vós. Tende piedade de mim! Vosso sangue é minha esperança e vossa intercessão, ó mãe de Deus, meu conforto e minha alegria!

26

Jesus é o bom pastor

Assim Ele disse de si mesmo: *"Eu sou o Bom Pastor"* (Jo 10,11). O ofício de um bom pastor é guiar suas ovelhas às boas pastagens e guardá-las dos lobos. Que pastor, meu doce Redentor, teve, como vós tivestes, a bondade de dar o sangue e a vida para nos salvar, a nós, vossas ovelhas, livrando-nos dos castigos merecidos?

"Carregou nossos pecados em seu corpo sobre o madeiro para que, mortos para o pecado, vivêssemos para a justiça. Por suas feridas fostes curados" (1Pd 2,24). Este Bom Pastor, para curar-nos de nossos males, carregou todos os nossos pecados e os apagou com seu corpo, ao morrer de dor na cruz.

Este excesso de amor para conosco, suas ovelhas, fazia Santo Inácio, mártir, arder de desejo em dar a vida por Jesus Cristo. *Meu amor foi crucificado,* escreveu ele, como que dizendo: meu Deus quis morrer crucificado por mim e como posso eu viver sem desejar morrer por Ele? De fato, os mártires fizeram grande coisa ao dar a vida por Jesus Cristo que morreu por seu amor. A morte de Jesus Cristo, padecida por eles, tornava-lhes suaves todos os tormentos e flagelos do martírio e as mortes mais dolorosas.

Mas o amor deste bom Pastor não parou aí: quis, depois da morte, deixar-lhes seu próprio corpo sacrificado na cruz, para que fosse alimento e refeição de suas almas. O ardente amor que nos devotava, diz São João Crisóstomo, levou-o a se fazer uma só coisa conosco.

Este bom Pastor quando vê sua ovelha perdida faz de tudo e usa de todos os meios para recuperá-la e não deixa de procurá-la até encontrar: *"Quem de vós, tendo cem ovelhas e havendo perdido uma, não deixa as noventa e nove no deserto e vai em busca da desgarrada até achá-la? E, uma vez encontrada, alegre a põe aos ombros e, voltando para casa chama os amigos e vizinhos, dizendo-lhes: 'Alegrai-vos comigo porque achei a ovelha perdida'"* (Lc 15,5-6).

E quem não amará de todo o coração a este bom Senhor que se mostra tão amoroso até para com os pecadores que lhe voltaram as costas e voluntariamente quiseram se perder?

> Ah! meu amável Senhor, eis a vossos pés uma ovelha perdida. Eu vos deixei, mas vós não me abandonastes e usastes de todos os meios para recuperar-me. O que seria de mim se não vos tivésseis preocupado em me encontrar? Pobre de mim! Quanto tempo vivi longe de vós! Espero, por vossa misericórdia, estar em vossa graça e onde antes eu fugia de vós, agora outra coisa não quero senão

107

amar-vos e viver e morrer abraçado a vossos pés. Mas enquanto viver, estou em perigo de vos deixar: uni-me com os laços de vosso santo amor e não deixeis de buscar-me enquanto viver nesta terra. "Se eu me extraviar como ovelha desgarrada, vem em busca de teu servo" (Sl 118,176). Ó advogada dos pecadores, obtende-me a santa perseverança.

27

O problema da salvação eterna

A única e mais importante coisa que deve nos preocupar é nossa salvação eterna, porque, se isto não andar bem, tudo estará perdido. Um pensamento bem considerado sobre a eternidade é suficiente para fazer um santo. O grande servo de Deus, padre Vicente Carafa dizia que, se todos os homens pensassem, com viva fé, na eternidade da outra vida, a terra tonar-se-ia um deserto, porque ninguém mais se preocuparia com as coisas deste mundo.

Oh! se todos tivessem diante dos olhos as palavras de Jesus Cristo: *"O que adianta a gente ganhar o mundo inteiro, se vier a se arruinar?"* (Mt 17,26).

Estas palavras movimentaram muitos a deixar o mundo, tantas virgens nobres, até de sangue real, a se fechar num convento, tantos anacoretas a viver no deserto e tantos mártires a dar a vida pela fé. Pensavam que, se perdessem a alma, de nada lhes valeriam para a vida eterna todos os bens do mundo.

Por isso o apóstolo escrevia a seus discípulos: *"Rogamos, irmãos, que vos aperfeiçoeis cada vez*

109

mais. Procurai viver com serenidade, ocupando-vos de vossas próprias coisas e trabalhando com vossas mãos, como recomendamos" (1Ts 4,10-11). De que ocupação falava São Paulo? Daquela ocupação que realmente vale a pena e que, se descuidada, leva-nos a perder o reino eterno do céu e a nos lança num lugar de tormentos sem fim. *"Trata-se de tormentos sem fim, da perda do reino dos céus"*, escreve São João Crisóstomo. Razão tinha, pois, São Filipe Néri em chamar de loucos todos os que se ocupam na busca de riquezas e de honras e muito pouco em salvar suas almas. Todos estes, dizia São João d'Ávila, deveriam ser fechados num sanatório de loucos. Como – continua o servo de Deus – credes que existe uma eternidade de alegria para quem ama a Deus e uma de aflição para quem o ofende e assim mesmo o ofendeis?

Toda perda de coisas, de reputação, de parentes, de saúde, até da própria vida, pode ser remediada neste mundo, ao menos com uma boa morte e com a conquista da vida eterna, assim como aconteceu com os mártires. Mas, com que bem deste mundo, com que fortuna, por maior que seja, podemos trocar a perda da alma? *"Poderá alguém dar alguma coisa em troca de sua vida?"* (Mt 16,26).

Quem morre fora da graça de Deus, perdendo sua alma, com ela perde também, e para sempre, toda esperança de reparar sua ruína: *"A esperança do ímpio apaga-se na morte e a expectativa, baseada nas riquezas, perece"* (Pr 11,7). Ó Deus, se o assunto da vida eterna fosse apenas uma simples opinião duvidosa dos doutores, deveríamos, assim mesmo, ter todo o cuidado em procurar a vida eterna e fugir da infeliz. Não é, porém, coisa duvidosa, mas sim certa e de fé. Uma ou outra será nossa um dia.

Coisa difícil de entender: há os que tem fé e valorizam esta verdade, dizendo *"É isso mesmo! Precisamos preocupar-nos com a salvação de nossa alma!"* e depois poucos os que se empenham nisto de verdade!

Luta-se com todas as forças para conquistar uma causa, uma posição, um lugar, mas deixa-se de lado a preocupação com a salvação eterna. *"Deixar de lado a preocupação com a vida eterna é o mais grave de todos os erros"*, diz Santo Euquério. O maior erro, porque perder a alma é um erro irremediável.

"Se fossem sábios, compreenderiam e discerniriam o que os espera" (Dt 32,29). Pobres daqueles sábios que têm a ciência de muitas coisas mas não sabem preparar a alma para uma sentença favorável, no dia do Julgamento!

> Ah! meu Redentor, derramastes vosso sangue para redimir minha alma e eu tantas e tantas vezes a perdi! Agradeço-vos que me dais a oportunidade de recuperá-la para vossa graça. Meu Deus, tivesse eu morrido e assim não vos ofenderia! Consola-me saber que não sabeis desprezar um coração que se humilha e se arrepende de seus pecados. Ó Maria, refúgio dos pecadores, socorrei um pecador que se recomenda a vós e em vós confia.

111

28

A alegria dos bem-aventurados

"**V**em alegrar-te com o teu Senhor!" (Mt 25,23).

Ao entrar na pátria feliz, livre do obstáculo que a impedia de ver, a alma verá, face a face e sem véu, a beleza infinita de seu Deus. Isto será a alegria do bem-aventurado.

Tudo o que contemplar no próprio Deus a encherá de alegria: a retidão de seus julgamentos, a harmonia de suas disposições, todas ordenadas a sua glória divina e a seu bem. De modo especial o imenso amor de Deus para conosco ao fazer-se homem e sacrificar sua vida na cruz. Perceberá, então, o excesso de sua bondade no mistério da cruz, ao ver um Deus feito servo e morrendo num patíbulo infame e no mistério da eucaristia, ao ver um Deus sob as espécies de pão, feito alimento de suas criaturas.

Conhecerá depois, de maneira muito particular, todas as graças e favores que antes desconhecia, toda a misericórdia que Deus teve em esperá-la e em perdoar suas ingratidões. Verá os muitos apelos, as luzes, as ajudas abundantes que lhe foram proporcionadas. Verá as tribulações, as enfermidades, as perdas de coisas ou de

112

familiares, que antes considerava castigos, como disposições amorosas de Deus para atraí-la a seu perfeito amor.

Em síntese, tudo isto levá-la-á a conhecer a bondade infinita de seu Deus e o amor infinito que merece. Assim, uma vez chegada ao céu, outro desejo não terá senão o de vê-lo feliz e contente. E, ao mesmo tempo, compreendendo que a felicidade de Deus é suma, infinita e eterna, gozará de uma alegria, não digo infinita – porque a criatura é incapaz de coisas infinitas, – mas de um prazer imenso e pleno que a inundará de alegria e daquele mesmo júbilo que está em Deus. E assim acontecerá nela o que se diz: *"Vem alegrar-te no teu Senhor!"*

O bem-aventurado não o é tanto pela alegria que experimenta em si mesmo, mas pela alegria que Deus goza. Ele de fato ama a Deus mais do que a si mesmo: por isso alegra-se muito mais pelo bem de Deus do que pelo próprio bem e o amor que lhe devota o levará a esquecer-se de si mesmo e todo o seu afeto será alegrar o amado.

Esta é aquela santa e amável embriaguez que faz com que os bem-aventurados não se lembrem de si mesmos e se ocupem apenas em louvar e amar a Deus, o objeto de todo o seu amor: *"Saciam-se da abundância de tua casa e lhes dás a beber da torrente de tuas delícias"* (Sl 35,9). Eles, felizes no céu, ficam como que perdidos e por assim dizer, afogados de amor naquele infinito mar de bondade divina.

113

O bem-aventurado perderá todos os desejos próprios. Seu único desejo será amar a Deus e ser por Ele amado. A certeza disto o inundará de alegria e o fará tão saciado da mesma que nada mais desejará, tornando-o bem-aventurado.

Em suma este será o paraíso dos bem-aventurados, gozar da alegria de Deus. Portanto quem participa nesta vida da alegria que Deus goza e gozará para sempre, pode dizer que desde já entra na alegria de Deus e começa a gozar do paraíso.

> Enquanto isso, meu doce Salvador e amor de minha alma, vejo-me ainda neste vale de lágrimas, cercado de inimigos que querem separar-me de vós para sempre. Meu amado Senhor, não permitais que eu vos perca. Fazei que sempre vos ame nesta e na outra vida e depois disponde de mim como vos aprouver. Rainha do paraíso, se rezardes por mim estarei, com toda a certeza, junto de vós eternamente e louvando-vos no paraíso.

29

O inferno é o tormento de ter perdido Deus

A gravidade da pena deve corresponder à gravidade do delito. Os teólogos definem o pecado mortal com duas palavras: *aversio a Deo,* isto é, um voltar as costas a Deus. A malícia do pecado mortal consiste em desprezar a graça divina e querer voluntariamente perder a Deus, sumo bem. Daí o maior tormento do pecador no inferno é o de ter perdido a Deus. No inferno há ainda outros tormentos: o fogo que devora, as trevas que cegam, os gritos dos condenados que ensurdecem, o mau cheiro que bastaria para fazer morrer, se pudessem, aqueles miseráveis, o aperto que sufoca e impede a respiração. Todas estas penas, porém, nada são em comparação com a perda de Deus. No inferno chora-se eternamente e o motivo deste choro é o pensamento da perda de Deus por própria culpa.

Ó Deus, que bem perderam! Nesta vida os bens, as paixões, as ocupações temporais, os prazeres sensíveis e as contrariedades não nos permitem contemplar a beleza e a bondade infinita de Deus. Saindo a alma do cárcere do corpo, não vê imediatamente a Deus assim como Ele é, porque se o visse, seria logo bem-aventurada. Sabe, porém, que Deus é um bem infinito, infinitamente belo e digno de amor infinito. Por isso, sendo criada para ver e amar a Deus, gostaria de ir logo unir-se a Ele. Estando, porém, em pecado, encontra ela um muro intransponível: o pecado que lhe fecha para sempre o caminho de acesso a Deus. Senhor, eu vos agradeço que este não me está fechado como merecia. Ainda posso ir até Vós. Não me rejeiteis de vossa presença!

A alma, criada para amar seu Criador, sente-se naturalmente movida a amar a Deus, seu fim último. Nesta vida as trevas do pecado e os afazeres terrenos mantêm adormecida esta inclinação e por isso não sente muito ver-se separada dele. Mas, quando deixa o corpo e fica livre dos sentidos, compreende, então claramente que só Deus pode contentá-la. Quando sai do corpo logo se lança para unir-se a seu sumo bem, mas, achando-se em pecado, sente-se como inimiga, rejeitada por Deus. Ainda que rejeitada, sempre se sentirá atraída para unir-se a Ele e isto será seu inferno: ver-se sempre atraída para Deus e sempre por Ele rejeitada.

Pudesse ao menos a miserável, que perdeu a Deus e não pode mais encontrá-lo, ter o consolo de amá-lo. Mas, não: porque estando ela fora da graça e na escravidão do pecado, sua vontade ficou pervertida. Por isso, de um lado se sentirá sempre atraída para amar a Deus e de outro, obrigada a odiá-lo. Assim, ao mesmo tempo que conhece a Deus como digno de amor e louvor infinito, ela o odeia e o maldiz.

Pelo menos pudesse, naquele cárcere de tormentos, resignar-se à vontade divina, como fazem as almas santas do purgatório e beijar as mãos daquele Deus que, com justiça, a castiga. Não pode resignar-se porque para isto precisa do socorro da graça e esta a abandonou. Por isso ela não pode unir sua vontade a de Deus, pois a sua é totalmente contrária à vontade divina.

Esta situação faz com que a infeliz volte todo o seu ódio contra si mesma e assim viverá sempre dilacerada por diferentes desejos: gostaria de viver, gostaria de morrer. De um lado quer viver para sempre odiar a Deus, seu objeto de maior ódio; de outro, desejaria morrer para não mais sentir o tormento que experimenta por tê-lo perdido, mas vê que não pode mais morrer. Viverá, assim, numa contínua agonia de morte.

Peçamos a Deus, pelos méritos de Jesus Cristo, que nos livre do inferno. Assim deve pedir de modo particular quem perdeu a Deus por causa de algum pecado grave:

> Senhor, salvai-me e por isso uni-me sempre mais a vós com vosso santo amor: redobrai estas santas e suaves cadeias de salvação que sempre mais me unem a vós. Ai de mim, que desprezando

vossa santa graça, mereci estar separado de vós, meu sumo bem e odiar-vos para sempre! Agradeço-vos por me terdes suportado, quando fora de vossa graça: o que seria de mim, se tivesse então morrido? Mas, já que me prolongastes a vida, fazei que ela não me sirva para causar-vos mais desgosto, mas somente para amar-vos e chorar os desgostos que vos dei. Meu Jesus, de hoje em diante vós sereis meu único amor e meu único medo é o de ofender-vos e separar-me de vós. Mas, se não me socorrerdes, nada posso; espero em vosso sangue que me ajudareis ser todo vosso, meu Redentor, meu amor, meu tudo. Maria, ó grande advogada dos pecadores, ajudai um pecador que a vós se recomenda e em vós confia.

Se quisermos estar seguros de não perder a Deus, entreguemo-nos inteiramente a Ele. Quem não se dá inteiramente a Ele corre o perigo de lhe dar as costas e perdê-lo; mas uma alma que resolutamente se desliga de tudo e se dá toda a Deus não o perderá mais. Porque Deus não permitirá que uma alma que a Ele se entregou de coração lhe volte as costas e o perca. Dizia um grande servo de Deus que, quando vemos as quedas de alguns que antes tinham demonstrado vida santa, é preciso supor que eles não tinham se dado inteiramente a Deus.

118

30

O desprezo do mundo

O pensamento da vaidade do mundo e de que tudo o que ele preza é mentira e engano levou muitas almas à decisão de se darem inteiramente a Deus. *"Pois o que adianta a gente ganhar o mundo inteiro, se vier a se arruinar? Ou poderá alguém dar alguma coisa em troca de sua vida?"* (Mt 16,26). Esta grande sentença do Evangelho levou muitos jovens a deixar seus familiares, sua pátria, os bens, as honras e também as glórias, para se fecharem num claustro ou num deserto para aí pensar somente em Deus. O dia da morte é chamado dia da perda: *"O dia da perda se aproxima"* (Dt 32,35, Vulgata). Dia da perda porque teremos que deixar todos os bens adquiridos nesta terra. Por isso Santo Ambrósio diz que chamamos de maneira imprópria estes bens de "nossos bens", uma vez que não podemos levá-los conosco para a outra vida, onde moraremos para sempre. Somente as obras santas nos acompanharão e só elas nos consolarão na eternidade.

Todas as fortunas deste mundo, as mais altas dignidades, o ouro, a prata, as pedras mais preciosas, quando contempladas no leito da morte, perdem todo o seu esplendor: a sombra funesta da morte também obscurece os cetros e coroas e nos faz ver que tudo o que o mundo preza não passa de fumaça, lama, vaidade e miséria. E, de fato, para que servem a quem morre as riquezas adquiridas, se, depois da morte outra coisa não lhe toca senão um caixão de madeira, onde apodrecerá? Para que serve a exaltada beleza do corpo, se dele não sobrará senão um pouco de pó fétido e quatro ossos dessecados?

O que é a vida do homem nesta terra? Eis como a descreve São Tiago: *"Sois uma fumaça que por um instante aparece e logo desaparece"* (Tg 4,14). Um vapor que aparece e logo depois desaparece; hoje aquela pessoa importante é estimada, temida; amanhã, desprezada, difamada e amaldiçoada: *"Vi o ímpio opressor expandir-se como uma árvore frondosa. Tornei a passar e ele já não existia"* (Sl 36,35-36). Não mais está em sua dileta casa de campo, naquele grande palácio que construiu para si. Onde estaria? Na sepultura, feito pó.

"Canaã tem na mão uma balança falsa, ele gosta de extorquir" (Os 12,8). O Espírito Santo nos avisa para não nos deixarmos enganar pelo mundo, que o mundo pesa os bens com sua balança falsa. Nós, porém, devemos pesar as coisas com a balança verdadeira da fé que nos faz conhecer os verdadeiros bens, o que não podemos

dizer daqueles que logo se acabam. Dizia Santa Teresa: *"Não se deve levar em conta aquilo que termina com a morte"*. Ó Deus, o que sobrou de importante a tantos primeiros ministros de Estado, a tantos comandantes de exércitos, a tantos príncipes, imperadores romanos, agora que saíram de cena e se encontram na eternidade? *"Perdeu-se sua lembrança"* (Sl 9,7). No mundo tiveram muita importância, seu nome correu a terra, mas depois que morreram, acabou a fama, o nome e tudo. Fica bem transcrever aqui uma inscrição colhida num cemitério onde, em sua maioria, estão sepultados damas e cavaleiros:

> Eis onde termina toda a grandeza,
> toda pompa da terra e toda beleza.
> Vermes, luto, uma simples pedra ou pouca terra
> levam ao término o breve cenário de todos.

"Passa a figura deste mundo" (1Cor 7,31). Nossa vida é uma cena que passa e logo termina e haverá de terminar para todos: para os nobres e para os camponeses, para reis e vassalos, para os ricos e para os pobres. Feliz daquele que nela realizou bem sua parte diante de Deus. Filipe III, rei da Espanha, morreu jovem, aos 42 anos. Antes de morrer disse aos que o assistiam: quando eu morrer contem o espetáculo que agora vedes; contem que, na hora da morte o fato de ter sido rei nada mais serve senão para sentir o tormento de ter reinado. E depois concluiu com um suspiro,

121

dizendo: *"Oh! se nesse tempo tivesse estado num deserto para fazer-me santo! Agora compareceria com mais confiança ao tribunal de Jesus Cristo!"*

É conhecida a mudança de vida de São Francisco Bórgia quando visitou o cadáver da imperatriz Isabel. Em vida, belíssima, mas depois da morte causava horror a quem a visse. Por isso o santo disse: *"É assim que terminam os bens deste mundo?"* e entregou-se inteiramente a Deus. Oh! Se todos o imitassem antes que chegue a morte! Mas, logo, porque a morte corre e não sabemos quando chegará. Não permitamos que da luz que agora recebemos de Deus restem apenas o remorso e a prestação de contas que teremos de lhe fazer quando tivermos nas mãos a vela da morte. Decidamo-nos a fazer hoje aquilo que deveríamos ter feito antes e agora não mais poderemos fazer.

> Meu Deus basta o que me suportastes: não quero mais que me fiqueis esperando para me entregar todo a Vós. Mais vezes me pedistes isto. Agora de novo: Eis-me aqui, recebei-me em vossos braços, enquanto agora me abandono todo a Vós. Ó Cordeiro imaculado que um dia vos sacrificastes sobre o Calvário, morrendo por mim na cruz, lavai-me com vosso sangue e perdoai todas as injúrias de mim recebidas. Depois inflamai-me de vosso santo amor. Eu vos amo sobre todas as coisas, com toda a minha alma. Há alguém neste mundo mais digno de amor e que mais me tenha amado do que Vós? Maria, mãe de Deus e minha advogada, rogai por mim e obtende-me uma verdadeira e constante mudança de vida. Eu confio em vós.

31

Amor à solidão

Deus não se faz encontrar no barulho do mundo. Por isso os santos buscavam os desertos mais áridos, as grutas mais distantes, para fugir dos homens e estar a sós com Deus. Santo Hilarião deixou vários desertos, sempre buscando o mais solitário, onde não houvesse ninguém com quem tratar. Viveu cinco anos no deserto de Chipre e aí morreu. São Bruno, quando chamado a abandonar o mundo, foi, ele e seus seguidores, ao encontro de Santo Hugo, bispo de Grenoble, para que lhes destinasse um deserto em sua diocese. Santo Hugo entregou-lhes a cartuxa que, por seu horrível aspecto, era um deserto mais apto a ser covil de feras do que habitação de humanos. Até lá foram eles, alegres, morando cada qual em pequenas cabanas, uma distante da outra.

O Senhor disse um dia a Santa Teresa: *"Eu falaria com prazer a muitas almas, mas o mundo faz tanto barulho em seus corações que não podem me ouvir"*. Deus não nos fala em meio aos ruídos e afazeres do mundo. Sabe de antemão que, se falar, não será ouvido. As palavras de Deus são suas inspirações, suas luzes e apelos por meio dos quais os santos são iluminados e inflamados de amor divino. Mas quem não ama a solidão não poderá ouvi-las.

Ele declara: *"Eu mesmo a seduzirei, conduzirei ao deserto e lhe falarei ao coração"* (Os 2,16). Quando Deus quer elevar uma alma a um grau eminente de perfeição, Ele a conduz a algum lugar solitário, distante do contato com as criaturas e aí lhe fala ao ouvido, não do corpo, mas do coração. E assim a ilumina e a inflama de seu divino amor.

São Bernardo dizia que tinha aprendido a amar a Deus muito mais nos bosques, entre as árvores, do que em meio aos livros e servos de Deus. São Jerônimo deixou as delícias de Roma e se encerrou numa gruta de Belém. Ele exclamava: *"Ó solidão, onde Deus fala e conversa familiarmente com os seus!"*. Na solidão o Senhor conversa de modo familiar com suas almas diletas e aí as faz ouvir aquelas palavras que desfalecem os corações de santo amor, como dizia a sagrada Esposa: *"Ao ouvir a voz de meu amado, minha alma desfaleceu de amor"* (Ct 5,6, Vulgata).

A experiência nos mostra que o trato com o mundo e a preocupação em adquirir os bens temais nos fazem esquecer de Deus. Mas, à hora da morte, o que nos restará de todas as fadigas e do tempo gasto nas coisas da terra senão tormentos e remorsos de consciência? Na hora da morte encontraremos apenas aquele pouco que fizemos e que sofremos por Deus. E porque não nos separamos do mundo antes que a morte nos separe?

"Sentar-se-á solitário e ficará calado: elevar--se-á sobre si mesmo" (Lm 3,28, Vulgata). O solitário não está em movimento, como antes, entre os afazeres deste mundo, mas *sentar-se-á*, sentar-se--á em repouso. E *ficará calado* e não buscará bens sensíveis que o contentem: quando elevado sobre si mesmo e sobre todas as coisas criadas, encontrará todo o bem e todo o seu contentamento em Deus.

"Quem me dera asas de pomba para voar e encontrar um abrigo?" (Sl 54,7). Desejava Davi ter asas de pomba para deixar a terra e não mais tocá-la nem mesmo com seus pés e dar assim repouso à sua alma. Mas, enquanto estivermos aqui não nos é permitido deixá-la: procuremos pelo menos amar a solidão, enquanto possível, estando a sós com Deus e assim nos munir de forças para evitar os defeitos no trato com o mundo, como fazia Davi, mesmo no tempo de governo e de reinado: *"Sim, eu fugiria para longe para abrigar-me no deserto"* (Sl 54,8).

> Oh! Tivesse eu sempre pensado em vós e não nos bens deste mundo, Deus de minha alma! Maldigo os dias em que, buscando satisfações terrenas, vos desgostei, meu sumo bem. Oh! tivesse eu vos amado sempre! Pobre de mim, a morte se aproxima e eu ainda me encontro ligado ao mundo! Não, meu Jesus! Hoje tomo a resolução de deixar tudo e ser todo vosso. Vós sois onipotente, vós havereis de me dar forças e de vos ser fiel. Mãe de Deus, rogai a Jesus mim.

125

32

Solidão do Coração

No capítulo anterior vimos quanto a solidão favorece o recolhimento do espírito. São Gregório diz que nada ou pouco adianta estar com o corpo num lugar solitário e o coração cheio de pensamentos e afetos mundanos. Para que uma alma seja inteiramente de Deus são necessárias duas coisas: despojar-se do afeto à toda a criatura e dedicar todo o seu amor a Deus. Nisto consiste a solidão do coração.

É preciso, pois, em primeiro lugar, despojar o coração de todos os afetos terrenos. São Francisco de Sales dizia: *"Se eu soubesse que em meu coração havia ainda uma única fibra que não fosse de Deus, eu a arrancaria imediatamente".* Se não se limpa e não se esvazia o coração de toda a terra, o amor divino não pode aí entrar para possuí-lo inteiramente. Deus quer reinar com seu amor em nossos corações, mas só Ele. Não quer companheiros que lhe roubem parte daquele afeto que Ele quer só para Ele.

Algumas almas lamentam-se de que em todos os seus exercícios devotos, orações, comunhões, leituras espirituais, visitas ao Santíssimo,

126

não conseguem encontrar a Deus e não sabem de que meio usar para encontrá-lo. Santa Teresa lhes indica o meio: *"Despojai o coração de todas as coisas criadas e procurai, então, a Deus que havereis de encontrá-lo".*

Muitos, para separar-se das criaturas e tratar somente com Deus, desejariam morar nos desertos, mas não podem. Mas é preciso que se saiba que, para gozar da solidão do coração, não são necessários desertos e grutas. Aqueles que, por necessidade, são obrigados a tratar com o mundo, podem ter a solidão do coração e estar unidos a Deus: basta que tenham o coração livre das investidas do mundo, mesmo na rua, nas praças, nos negócios. Tudo o que se faz para cumprir a vontade de Deus não impede a solidão do coração. Santa Catarina de Sena encontrava muito bem Deus nos trabalhos domésticos. Seus pais a colocavam aí para distraí-la dos exercícios devotos, mas assim mesmo ela, em meio aos afazeres, conservava-se retirada em seu coração. Ela o chamava de sua cela e aí não deixava de tratar a sós com Deus.

"Parai e reconhecei que eu sou Deus" (Sl 45,11). A luz divina nos faz conhecer a bondade de Deus que suscita sentimentos de amor em nosso coração. Para ter esta luz é preciso *parar,* isto é, livrar-nos dos ataques terrenos que nos impedem de conhecer a Deus. Assim como um vaso de cristal, quando cheio de areia, não pode receber a luz do sol, assim também um coração

apegado ao dinheiro, às honras mundanas, aos prazeres sensuais, não pode receber a luz divina. E não conhecendo a Deus não o ama. Para que as criaturas não o tirem de Deus, o homem, qualquer que seja seu estado, precisa viver segundo a vontade de Deus; e, em relação às outras criaturas, estar no mundo como se existissem só ele e Deus.

É preciso despojar-se de tudo e particularmente de nós mesmos, sempre contradizendo nosso amor próprio. Por exemplo: um objeto que nos agrada. É preciso deixá-lo, justamente porque nos agrada. Alguém que nos fez mal: é preciso beneficiá-lo, justamente porque nos fez mal. Em suma, é preciso viver sem inclinação a alguma coisa até que saibamos qual seja a vontade de Deus.

Deus se faz achar por aquele que se desliga das criaturas para encontrá-lo! *"O Senhor é bom para quem nele espera, para a alma que o busca"* (Lm 3,25). Escreve São Francisco de Sales: *"O puro amor de Deus consome tudo o que não é Deus para converter tudo em si"*. Por isso é preciso tornar-se um *jardim fechado*, como foi chamada por Deus a sagrada esposa nos Cânticos: *"És um jardim fechado, minha irmã e minha noiva"* (Ct 4,12). Jardim fechado é aquela alma que mantém fechada a porta para os afetos terrenos. Tudo o que temos provém de Deus e Ele tem razão em exigir de nós todo o nosso amor. Quando então alguma criatura desejar entrar e tomar uma parte de nosso amor é preciso que não a deixemos de forma alguma. E,

128

voltados ao nosso sumo bem, dizer-lhe com todo nosso afeto: *"Se tu, a quem tenho nos céus, estás comigo, nada mais desejo na terra... Deus é a rocha de meu coração, minha herança para sempre"* (Sl 72,25-26). Meu Deus, o que, além de vós, pode contentar minha alma? Não! Nada quero além de vós. Só vós me bastais: *Deus é a rocha de meu coração, minha herança para sempre.*

Feliz de quem pode dizer: *"Desprezei o reino do mundo com toda a sua beleza por amor ao Senhor Jesus Cristo".* Assim disse grande serva de Deus, soror Maria Margarida da Cruz, filha do Imperador Maximiliano II, que se fez monja descalça da rígida Regra de Santa Clara. Diz seu biógrafo que, antes de tomar o pobre hábito religioso, enquanto se despojava das ricas vestes e joias, ela as jogava com tanto desprezo que comoveu até as lágrimas aqueles que participavam da celebração.

> Meu Jesus, eu não quero que as criaturas tenham parte em meu coração. Havereis de ser o único senhor a possuí-lo inteiramente. Procurem os outros as delícias e grandezas desta terra. Vós somente havereis de ser, agora e sempre, meu único bem, meu único amor. E, uma vez que me amais, como sinto por meio de sinais que me dais, ajudai-me a me desligar de tudo o que me desvirtua de vosso amor. Fazei que minha alma esteja sempre ocupada em vos agradar como o único objeto de todos os meus afetos. Tomai conta de meu coração! Não quero ser mais meu. Dominai-me e tornai-me sempre disponível para realizar vossa vontade. Mãe de Deus, eu confio em vós. Vossas orações vão me fazer todo de Jesus.

129

33

O paraíso é ver e amar a Deus no céu

Vejamos o que faz plenamente felizes os cidadãos do céu. A visão de Deus, face a face, o conhecimento de sua beleza infinita e de todas as suas perfeições, que o tornam digno de amor infinito, levam a alma a amá-lo imensamente, com todas as forças e mais do que a si mesma. Ou melhor, quase se esquece de si mesma, não pensando e não desejando senão ver contente Deus, seu amado. E ao vê-lo assim, vive o paraíso. Se fosse capaz de coisas infinitas, ao ver que seu amado é infinitamente contente, infinita seria também sua alegria. Não obstante isto sua alegria é plena e só a Ele deseja com avidez, como desejava Davi: *"Possa eu, justificado, contemplar tua face e, ao despertar, saciar-me de tua visão"* (Sl 16,15). Confirma-se, pois, o que Deus diz à alma, ao dar-lhe a posse do paraíso: *"Entra na alegria do teu Senhor!"* (Mt 25,21, Vulgata). Não é a alegria de Deus que entra na alma. Sendo infinita, a criatura não pode contê-la. É a alma que entra na alegria divina para receber sua parte, mas certa parte, que a sacia e a enche de alegria.

Por isso penso que na oração não existe um ato mais perfeito de amor que o de participar da alegria infinita de Deus. Isto é, com certeza, o que os santos fazem continuamente no céu. Por isso quem se compraz na alegria de Deus começa a viver já aqui o que espera viver eternamente no céu.

O amor a Deus que incendeia os santos no céu é tão grande que, se temessem perdê-lo ou não o amar com todas as forças como o amam, experimentariam um inferno de tormentos. Mas não. Eles estão certos, como certos estão de Deus, de que sempre eles o amarão com todas as forças e sempre serão por Ele amados e que este amor mútuo nunca terá fim. Meu Deus, fazei-me digno disto, pelos méritos de Jesus Cristo.

Esta alegria, que o paraíso provoca, aumentará depois pelo esplendor da cidade de Deus, pela beleza e companhia de seus cidadãos principalmente da rainha Maria que será a mais bela de todos no paraíso e de Jesus Cristo, cuja beleza ultrapassará imensamente a beleza de Maria. A alegria dos bem-aventurados será maior ainda ao ver os perigos por que passaram de perder tão grande bem em sua vida. Como agradecerá a Deus lá no céu, quem por suas culpas julga ter merecido o inferno, quando vir almas menos pecadoras do que ele serem condenadas ao inferno e ele salvo e seguro da posse eterna de Deus e destinado a gozar eternamente daquelas delícias imensas que jamais causarão fastio. Aqui, embora sejam grandes e constantes, com o tempo causam fastio. Mas em relação às alegrias do paraíso, quanto mais usufruídas, mais desejadas são; assim o bem-aventurado está sempre contente, saciado daquelas delícias, sempre as desejando e sempre as obtendo. Por isso o cântico com o qual os santos louvam a Deus e lhe agradecem a felicidade a eles concedida se chama cântico novo: *"Cantai ao Senhor um cântico novo"* (Sl 97,1). É novo porque as alegrias do céu parecem sempre novas, como se fosse a primeira vez que as saboreassem. Por isso sempre são provadas e sempre desejadas, sempre desejadas e sempre provadas. Os condenados são chamados *vasos da ira,* os bem-aventurados, porém, *vasos da caridade,* vasos do divino amor.

Para conquistar esta felicidade eterna, diz Santo Agostinho, precisaríamos de um esforço eterno. Razão pela qual, em relação à conquista do paraíso, pouco fizeram os anacoretas com suas penitências e orações; pouco fizeram tantos santos que deixaram suas casas, riquezas e reinos; pouco sofreram tantos mártires nos instrumentos de martírio e nas mortes cruéis.

Estejamos, pois, dispostos a sofrer com alegria as cruzes que Deus nos envia, porque, se nos salvarmos, tornar-se-ão para nós alegrias eternas. Quando as enfermidades, as dores ou outra adversidade nos afligirem, elevemos os olhos aos céus e digamos: um dia tudo isto terá fim e depois disto

132

espero alegrar-me em Deus para sempre. Criemos coragem para sofrer e para desprezar todas as coisas do mundo. Feliz de quem puder dizer com Santa Ágata, na hora da morte: *"Recebei, Senhor, minha alma, vós que me livrastes do amor do mundo"*. Suportemos, pois, tudo, desprezemos toda criatura. Jesus nos espera com a coroa na mão para fazer-nos rei do céu, se lhe formos fiéis.

Mas como posso eu, Jesus, desejar tanto grande bem, eu que tantas vezes, por causa apegos miseráveis a esta terra, recusei abertamente o paraíso e joguei fora vossa graça? Mas vosso sangue me dá ânimo para esperar o paraíso, mesmo depois de ter merecido tantas vezes o inferno. Porque morrestes na cruz justamente para dar o paraíso a quem não o merecia. Meu Redentor e Deus, não quero mais vos perder. Ajudai-me a ser fiel: Venha a nós vosso reino! Pelos méritos de vosso sangue fazei-me entrar um dia em vosso reino. E enquanto não me vem a morte, fazei-me cumprir perfeitamente vossa vontade, porque, para quem vos ama, é o maior bem e o paraíso que se pode ter na terra.

Almas que amais a Deus, enquanto vivermos neste vale de lágrimas suspiremos sempre pelo paraíso, dizendo:

Pátria amada,
onde o amor se dá ao amor
em recompensa.
Eu vos desejo a todo momento.
Quando, ó Deus, quando será?[24]

---

[24] Canto da *Alma que suspira pelo paraíso*, de Santo Afonso.

34

A oração diante do Santíssimo Sacramento do Altar

A oração, onde quer que se faça, deve ser agradável a Deus. Mas a oração que agrada a Jesus Cristo de modo muito particular é aquela que se faz diante do Santíssimo, onde parece que Ele distribui mais e com mais abundância as luzes e as graças a quem o visita. Ele está neste sacramento não só para ser alimento das almas que o recebem na santa comunhão, mas também para estar sempre disponível a todo aquele que o procura. Os peregrinos vão a Loreto visitar a casa de Maria, onde morou Jesus; a Jerusalém, onde morreu na cruz; mas quanto maior é nossa devoção em nos achar diante da custódia onde está pessoalmente presente aquele mesmo Senhor que habitou entre nós e por nós morreu no Calvário!

Neste mundo não se permite a qualquer um falar a sós com o rei. Com o rei Jesus Cristo, no entanto, todos podem falar. Seja nobre ou plebeu, rico ou pobre, todos podem falar à vontade com Ele neste sacramento. Todos podem entreter-se com Ele quanto quiserem, expondo-lhe

134

suas necessidades e pedir-lhe as graças. No Sacramento do altar Jesus atende a todos, escuta-os e os consola.

Quem conhece apenas os prazeres da terra nunca poder imaginar a alegria que se pode sentir quando se permanece longo tempo diante de um altar, onde está a hóstia consagrada. Para as almas que amam a Deus, as horas e os dias passados diante do Santíssimo parecem momentos, pela doçura celeste que o Senhor lhes faz sentir.

Mas como podem os mundanos provar esta doçura, se têm a mente e o coração cheios das coisas deste mundo? São Francisco de Bórgia dizia que o amor de Deus só pode reinar em nosso coração, se antes nós as expulsarmos daí. De outra forma, o amor de Deus não entra, porque não encontra lugar para ficar. *"Parai e reconhecei que eu sou Deus"* (Sl 46,11). Para sentir o sabor e a doçura de Deus é preciso parar, isto é, desapegar-se de todos os afetos terrenos. Quereis encontrar a Deus? *Despojai-vos das criaturas e o encontrareis,* dizia Santa Teresa.

O que se deve fazer diante do Santíssimo? Deve-se amar e pedir. Não se deve estar aí, em primeiro lugar, para sentir doçura e consolações, mas somente para agradar a Deus por meio de atos de amor, da entrega total de si a Ele, despojando-se de toda vontade própria e oferecendo-se a Ele assim: *Meu Deus, eu vos amo e só a Vós desejo. Fazei que sempre vos ame e depois fazei de mim e de minhas coisas o que quiserdes.*

135

De todos os atos de amor, o mais agradável a Deus é aquele que os santos fazem continuamente no céu: participar da alegria infinita que Deus goza; porque, como já dissemos antes, o bem-aventurado ama a Deus imensamente mais do que a si mesmo. Deseja muito mais a felicidade de seu amado do que sua própria felicidade. E ao ver que Deus goza de uma alegria infinita o bem-aventurado receberia uma infinita alegria; mas porque a criatura não é capaz de uma alegria infinita, pelo menos fica cheia de alegria. Assim que a alegria de Deus faz sua alegria e seu paraíso. Estes atos de amor, mesmo sem provar doçura sensível, agradam muito a Deus. Mesmo a suas almas mais diletas raramente permite gozar de suas consolações nesta vida. E quando o permite, não o permite tanto como recompensa por suas boas obras (a recompensa plena ele a reserva para o céu), mas sim para dar mais força para sofrer com paciência os desgostos e contratempos da vida, de modo especial as distrações, a aridez que as almas pias sofrem na oração.

Quanto às distrações, é preciso não lhes dar importância. Basta expulsá-las quando as percebemos. No mais também os santos sofrem distrações involuntárias, mas nem por isso eles abandonam a oração. Devemos fazer o mesmo também nós. São Francisco de Sales dizia que, se na oração não fizéssemos outra coisa senão expulsar e tornar a expulsar as distrações, mes-

136

mo assim a oração seria de grande proveito. Em relação à aridez o maior tormento das almas em oração é achar-se às vezes sem sentimento algum de devoção, sem vontade e sem nenhum desejo de amar a Deus. Junto com isto advém-lhes o temor de estar fora da graça de Deus que, por causa das culpas, o Senhor as teria abandonado. E, estando nesta situação, não sabem como encontrar saída, parecendo-lhes que todas as portas estão fechadas. Esteja forte a alma devota, não deixando a oração como pretende o demônio. Una sua desolação com a de Jesus Cristo na cruz e, se nada puder dizer, basta que diga, ao menos em pensamento: *Meu Deus, eu quero amar-vos, quero ser toda vossa. Tende piedade de mim, não me abandoneis.* Diga então como dizia uma alma santa a seu Deus, num momento de grande desolação:

> Eu vos amo,
> embora não me sinta bem a vossos olhos:
> Fugi quanto quiserdes,
> Sempre vos seguirei[25].

---

[25] Estrofe de uma canção de Santo Afonso que expressa os sentimentos da alma desolada.

35

Só em Deus se encontra a verdadeira paz

Quem procura a paz nas criaturas jamais a encontrará. Porque as criaturas não são adequadas a contentar um coração. Deus criou o homem para si, infinito bem. Por isso só Deus pode contentá-lo. Acontece, pois, que muitos, embora cheios de riquezas, de honras, de prazeres terrenos, nunca se sentem contentes. Vão sempre mendigando mais honra, mais bens, mais diversões e apesar de as receberem estão sempre conturbadas e não têm um dia de verdadeira paz: *"Põe tuas delícias no Senhor, e Ele realizará os desejos de teu coração"* (Sl 37,4). Quando alguém se deleita em Deus e não busca outro fora dele, Deus mesmo cuidará de contentar todos os pedidos de seu coração. E ele chegará ao feliz estado daquelas almas que só desejam agradar a Deus.

Loucos aqueles que dizem: feliz de quem pode fazer o que quiser, de quem pode comandar o outro, de quem pode divertir-se como quiser! Só é feliz quem ama a Deus, quem diz que só Deus lhe basta. A experiência nos faz ver que muitos, proclamados como felizes neste mundo pelos homens porque de grandes riquezas e dignidades, levam uma vida infeliz e nunca encontram paz.

Mas por que tantos ricos, portadores de títulos, e príncipes, não encontram paz em meio à abundância de bens do mundo, ao passo que tantos bons religiosos que vivem retirados numa cela, pobres e escondidos, vivem tão contentes? Como pode acontecer que tantos solitários, vivendo num deserto ou numa gruta, afligidos pela fome e frio, sentiam-se inundados de alegria? Eles esperavam somente em Deus e Deus os consolava.

"A paz de Deus, que excede toda a inteligência, haverá de guardar vossos pensamentos e pensamentos em Cristo Jesus" (Fl 4,7). Ah! A paz que Deus faz sentir àquele que o ama supera todas as delícias que o mundo pode dar! *"Saboreai e vede como o Senhor é bom!* (Sl 34,9). Mundanos, grita o profeta, por que quereis desprezar a vida dos santos, sem nunca a ter conhecido? Experimetai-a uma vez, deixai, deixai o mundo e dai-vos a Deus e vereis como Ele saberá consolar-vos mais do que todas as grandezas e delícias deste mundo.

É verdade que também os santos sofrem grandes tribulações nesta vida. Eles, porém, resignando-se à vontade divina, jamais perdem sua paz. Os amantes do mundo ora se veem alegres, ora tristes, mas em geral vivem inquietos e conturbados. Os que amam a Deus, porém, estão acima das adversidades e acontecimentos desta vida e por isso vivem sempre numa tranquilidade contínua. Eis como o cardeal Petrucci descreve uma alma entregue inteiramente a Deus:

> Vê mudar, fora de si,
> em formas variadas, as criaturas,
> e dentro de seu mais profundo centro
> vive sempre e continuamente unida a seu Deus.

Mas quem quiser estar sempre unido a Deus e gozar de contínua paz precisa expulsar do coração tudo o que não é Deus e morrer aos afetos desta terra.

> Meu Deus, ajudai a me desvencilhar de todos os laços que me ligam ao mundo. Fazei que não pense senão em vos agradar. Felizes aqueles aos quais só Deus basta! Senhor, dai-me a graça de não procurar nada fora de vós e nada desejar senão vos amar e agradar. Renuncio por amor a vós a todos os prazeres deste mundo e também às consolações espirituais. Nada desejo senão fazer vossa vontade e agradar-vos. Ó mãe de Deus, recomendai-me a vosso Filho que nada vos nega.

140

36

Deus como nosso único fim

Em todas as nossas ações não devemos ter outro fim senão agradar a Deus, não aos parentes, aos amigos, aos grandes e a nós mesmos. Porque tudo o que se faz, se não se faz por Deus, tudo é perdido. Fazem-se muitas coisas para agradar ou desagradar aos homens. São Paulo diz: *"Se ainda buscasse agradar aos homens, não seria servo de Cristo"* (Gl 1,10). Só Deus deve ser nosso ponto de referência em tudo que fazemos de tal forma que possamos dizer, como dizia Jesus Cristo: *"Faço sempre o que é de seu agrado"* (Jo 10,29). Deus nos deu tudo o que temos: de nós mesmos só temos o nada e o pecado. Deus é o único que nos amou de verdade. Ele nos amou desde toda a eternidade e assim o fez, entregando-se a si mesmo no alto da cruz e no sacramento do altar. Portanto, somente Ele merece nosso amor.

Pobre daquela alma que vê com afeto algum objeto terreno, dando desgosto a Deus! Não mais terá paz nesta vida e se vê em grande perigo de não mais ter paz na outra. Feliz, no entanto, ó meu Deus, de quem vos procura e a tudo renuncia por vosso amor! Ele encontrará a pérola de vosso puro amor, a mais preciosa joia de todos os tesouros e reinos da terra. Quem assim o faz conquista a verdadeira liberdade dos filhos de Deus, pois acha-se livre de todos os laços que o prendem à terra e o impedem de unir-se a Deus.

> Meu Deus, meu tudo, eu vos prefiro a todas as riquezas, às honras, às ciências, às glórias, às esperanças e a todos os dons que vós podeis me dar. Vós sois todo o meu bem. Só a vós quero e nada mais. Só vós sois a beleza e o bem, o infinito amável. Sois, enfim, o único bem. Por isso todo dom que não é vós mesmo, não me serve. Digo e sempre direi: só vós e nada mais e o que é inferior a Vós eu vos digo que não me serve.
> Oh! Quando me ocuparei somente em vos louvar, em vos amar e em vos agradar, sem que olhe mais às criaturas e nem mesmo a mim mesmo? Ah! meu Senhor e meu amor, socorrei-me quando me virdes frio em vosso amor e em perigo de me afeiçoar às criaturas e aos prazeres terrenos. "Do alto estende a mão, salva-me e livra-me das imensas águas" (Sl 143,7).

Não nos iludamos! Todo o bem que provém das criaturas é lama, fumaça e ilusão: Só Deus é quem nos contenta. Nesta vida, porém, Ele não se faz gozar plenamente; Ele nós dá apenas uma amostra dos bens prometidos para o céu. Lá Ele nos espera para saciar-nos de sua alegria, quando nos dirá: *"Entra na alegria de teu Senhor!"*.

Deus concede a seus servos as consolações celestes somente para atraí-los àquela felicidade que lhes prepara no paraíso.

Ó Deus onipotente, amável, fazei que, de hoje em diante, não aspiremos e nem busquemos senão vossa vontade. Fazei que sejais todo e nosso único amor, já que, por justiça e gratidão, só vós mereceis todo o nosso afeto. Nada mais me aflige senão pensar que, no passado, amei tão pouco vossa bondade infinita: mas desejo e prometo para o futuro, com vossa ajuda, amar-vos com todas as minhas forças. E assim espero morrer, amando somente a vós, meu sumo bem. Maria, mãe de Deus, rogai por mim, miserável. Vossas preces não serão recusadas. Rogai a Jesus que me faça todo seu.

37

Sofrer tudo para agradar a Deus

*E*ste foi o único e o mais caro empenho de todos os santos: desejar sofrer todo tormento, todo desprezo e toda dor para dar gosto a Deus e assim agradar aquele coração divino que tanto merece ser amado e tanto nos ama.

Nisto consiste toda a perfeição e amor de uma alma para com Deus: procurar sempre dar gosto a Deus e fazer o que lhe agrada. Feliz de quem pode dizer a Deus: *"Faço sempre o que lhe agrada"* (Jo 8,29). E que honra e consolação maior pode ter uma alma do que afadigar-se ou aceitar algum sofrimento pensando em dar gosto a Deus?

Devemos dar gosto a Deus que nos amou tanto, que nos deu tudo quanto temos, e, não contente com isto, entregou-se a si mesmo numa cruz, aí morrendo por nosso amor e depois, no Sacramento do altar, onde se doa inteiramente na santa comunhão; assim que Ele nada mais tem a nos dar.

Os santos não sabiam o que fazer para agradar a Deus. Quantos jovens nobres deixaram o mundo para entregar-se inteiramente a Deus! Quantas moças, mesmo de sangue nobre, renunciaram o casamento com os grandes, para se fechar num claustro! Quantos anacoretas penetraram os desertos e as grutas para

144

pensar unicamente em Deus! Quantos mártires, para agradar a Deus, abraçaram os tormentos mais cruéis dos tiranos! Enfim, para agradar a Deus, os santos se despojaram de seus bens, renunciaram às maiores dignidades da terra e receberam como tesouro as enfermidades, as perseguições, o despojamento dos bens e as mais dolorosas e terríveis mortes.

Se realmente amamos a vontade de Deus, devemos dar-lhe preferência, deixando de lado todas as riquezas, as maiores glórias, os prazeres desta terra e também do paraíso. Se os bem-aventurados soubessem que, para agradar a Deus, fosse preciso queimar-se no inferno, com certeza todos eles e também a Virgem Maria para lá se jogariam. Aí sofreriam eternamente para dar gosto a Deus.

Deus nos colocou no mundo para agradar-lhe e dar-lhe glória. Por isso o gosto de Deus deve ser o único objetivo de todos os nossos desejos, pensamentos e ações. Bem merece estar inteiramente contente o coração que tanto nos ama e tanto se preocupa com o nosso bem.

> Senhor, como é possível que eu, ingrato, em vez de vos agradar, tenha-vos dado tanto desgosto? Mas a aversão que me fazeis sentir por meus pecados me faz saber que quereis me perdoar. Perdoai-me, pois, e não permitais que vos seja ingrato nunca mais. Fazei que eu vença tudo para vos agradar. Em vós esperei, Senhor. "Não serei confundido eternamente."[26] Ó rainha do céu e minha mãe, levai-me a Deus.

---

[26] Versículo do *Te Deum*.

145

38

Feliz de quem só deseja a Deus

"*Felizes os que têm espírito de pobre, porque deles é o reino dos céus*" (Mt 5,3). Pobres de espírito são aqueles que são pobres de desejos terrenos e nada querem senão a Deus. São pobres de afetos, mas não de felicidade, pois vivem contentes mesmo nesta vida. Por isso o Senhor diz: "deles *é* o reino dos céus e não *será*. Porque já neste mundo vivem ricos de bens espirituais. Estes, embora pobres de bens temporais, vivem contentes. À diferença dos ricos de desejos terrenos que, embora possuindo tantas riquezas nesta vida, sempre são pobres e vivem descontentes, porque os bens deste mundo não saciam nossa sede, antes a aumentam. Por isso nunca se acham contentes e nunca conseguem alcançar o que almejam.

Jesus Cristo, para nos fazer ricos, quis ser pobre, como escreveu Paulo: "*Sendo rico, se fez pobre por vós, a fim de vos enriquecer com sua pobreza*" (2Cor 8,9). Quis ser pobre e ensinar-nos, com seu exemplo, a desprezar os bens terrenos e assim tornar-nos ricos dos bens celestes, infinitamente mais preciosos e eternos. Declarou que quem não renuncia a tudo o que tem, vivendo apegado a esta terra, não pode ser seu verdadeiro seguidor.

Feliz de quem não quer senão a Deus, como dizia São Paulino: *"Usufruam os ricos suas riquezas e os reis seus reinos! Cristo é minha riqueza e meu reino"*.

Convençamo-nos que só Deus contenta, mas não contenta plenamente senão aquelas almas que o amam de todo o coração. Mas que lugar pode encontrar Jesus num coração cheio de coisas terrenas? Comungará, rezará, fará as visitas ao Santíssimo, mas porque é terreno, Deus não poderá possuí-lo totalmente e enriquecê-lo como desejaria.

Muitos se queixam que nas meditações, nas comunhões e em outros exercícios mais devotos, não encontram Deus. Santa Teresa lhes diz: *"Desprendei o coração das criaturas e encontrareis a Deus"*. Despojemo-nos de todo afeto terreno e de modo especial da vontade própria e a entreguemos totalmente a Deus, dizendo: "Senhor, disponde de mim e de tudo o que tenho como quiserdes. Não quero senão o que quereis. Sei que o que quereis é o melhor para mim. Fazei, pois, que sempre vos ame e nada mais vos deseje.

O único meio para nos separar das criaturas é adquirir um grande amor a Deus. Se o amor divino não consegue tomar posse de toda a nossa vontade, jamais nos faremos santos. O meio para conquistar esse amor divino é a oração. Peçamos sempre a Deus que nos dê seu amor:

assim estaremos separados de toda a criatura. O amor divino é um ladrão que santamente nos despoja de todos os afetos terrenos e nos faz dizer: *Quem desejaria eu, senão a vós, Senhor, Deus de meu coração?*

"É forte o amor como a morte" (Ct 8,6): assim como não há força que resista à morte, assim também não há nada de difícil que resista ao amor divino. O amor vence tudo. Os santos mártires, com o amor divino, suportaram os tormentos mais cruéis e as mortes mais dolorosas.

Feliz de quem pode dizer com Davi: *"Se tu, a quem tenho no céu, estás comigo, nada mais desejo na terra... Deus é a rocha de meu coração, minha herança para sempre"* (Sl 72,25-26). E o que mais quero nesta vida, senão a vós, meu Deus? Busquem os outros o que quiserem, vós sois meu único bem, sois minha paz.

Uma alma que não se entrega inteiramente a Deus, sempre está em perigo de abandoná-lo e de se perder. Quem, porém, se deu todo a Deus pode estar certo de que nunca o deixará, porque o Senhor é grato e fiel a quem se lhe entregou sem reserva. Mas, por que alguns, que antes tiveram uma vida santa caíram de tal forma que deixaram ao mundo pouca esperança de sua salvação?

Por quê? Porque não se deram inteiramente a Deus e suas quedas são disto o sinal.

Meu Deus, que realmente me amais, não permitais que minha alma criada para vos amar, ame outras coisas fora de vós e não seja toda vossa, vós que me comprastes com vosso próprio sangue. Meu Jesus, como é possível que depois de ter experimentado o amor que me devotastes possa eu amar alguma coisa além de vós? Atraí-me sempre mais para vosso coração, fazei-me esquecer de tudo para que eu não busque e não almeje senão vosso amor. Meu Jesus, confio em vós. Maria, mãe de Deus, espero em vós. Desligai-me do afeto a tudo o que não é Deus, para que Ele seja o único objeto de todo o meu amor e de minha felicidade eterna.

39

A aridez de espírito

São Francisco de Sales diz que a devoção verdadeira e o verdadeiro amor a Deus não consistem antes em sentir consolações espirituais na oração e em outros exercícios devotos, mas numa vontade resoluta de fazer e de querer somente aquilo que Deus quer. Este é o único fim da oração, das comunhões, das mortificações e de toda outra coisa que agrada a Deus, ainda que as façamos sem sabor e em meio a mil tentações e desânimo de espírito. Diz Santa Teresa: *"O Senhor prova os que o amam através da aridez e tentações. Mesmo que a aridez dure toda a vida, não deixai a oração: chegará o tempo em que tudo vos será bem recompensado".*

Em tempos de desolação os mestres do espírito dizem que devemos de modo especial fazer atos de humildade e resignação. Não há tempo melhor para conhecermos nossa grandeza e miséria que quando áridos na oração, no tédio, distraídos e desanimados, sem fervor sensível que nos movimente para o amor divino. Digamos então: *Senhor, tende piedade de mim, vede como sou incapaz até mesmo de fazer um ato bom.*

Precisamos resignar-nos e dizer: *Meu Deus, quereis manter-me tão confuso, tão aflito; seja feita sempre vossa vontade. Não quero ser consolado. Basta-me estar aqui, somente para vos dar gosto.* Precisamos perseverar na oração até o tempo determinado.

O maior tormento da oração não é tanto a aridez, mas sim a escuridão na qual a alma boa se vê despojada de toda vontade e tentada contra a fé e esperança. Às vezes se acrescentam ímpetos de tentação e de desconfiança. Teme ter perdido a graça divina e lhe parece que Deus a tenha desprezado e abandonado por causa de seus defeitos. De forma que agora se sente como que odiada por Deus. Por isso nesta situação a tormenta como também a solidão e a oração lhe parecem um inferno. Precisa então criar coragem e saber que aquele temor de ter consentido à tentação e desconfiança, é o tormento da alma. Não são atos voluntários e por isso mesmo isentos de pecado. Nesta situação a pessoa resiste bem à tentação, mas por causa das trevas que a envolvem, permanece na dúvida. E isto se mostra com a experiência: se depois lhe ocorresse cometer um simples pecado venial consentido, a alma que ama a Deus preferiria antes mil vezes a morte.

Portanto, não se preocupe a alma em querer assegurar-se de estar na graça de Deus e sem pecado. Ela quer saber e estar segura de que Deus a ama. Deus, porém, não o quer, mas que se pre-

151

ocupe somente em humilhar-se, confiar em sua bondade e em resignar-se à sua vontade. Quer ver e Deus não quer que veja. São Francisco de Sales diz que a resolução que se tem de amar a Deus e de não lhe dar o mínimo desgosto voluntário, dá-nos a certeza da graça de Deus. Na aridez, abandonemo-nos nos braços da divina misericórdia. Declaremo-lhe que não queremos senão a Deus e à sua vontade e não tenhamos medo! Oh! Como são agradáveis ao Senhor estes atos de confiança e de resignação feitos em meio àquelas trevas assustadoras!

Santa Joana de Chantal sofreu durante 41 anos estes tormentos interiores, acompanhados de terríveis tentações e do medo de estar em pecado e de ser abandonada por Deus. Era tanto o sofrimento, dizia, que só o pensamento da morte lhe dava algum alívio. Dizia: *"Às vezes parece-me que me falta a paciência e eu fico a ponto de deixar tudo e me entregar à perdição"*. Nos últimos oito ou nove anos de sua vida suas tentações, em vez de cessarem, tornaram-se mais cruéis: quer rezasse, quer trabalhasse era tão grande seu martírio interno que dava pena a quem a visse. Parecia-lhe às vezes que Deus a expulsasse de si. Por isso para se consolar desviava os olhos de Deus, mas não sentindo o consolo que buscava, voltava os olhos para Deus, ainda que lhe parecesse indignado contra ela. Na oração, na comunhão ou em outros exercícios devotos sen-

152

tia apenas tédio e angústia. Parecia-lhe ser como uma enferma oprimida pelos males, que não podia se mexer, como um mudo que não conseguia explicar suas angústias, como um cego que não via uma porta de saída para aquela situação. Parecia-lhe ter perdido o amor, a esperança e a fé. No mais ela conservava o olhar fixo em Deus, repousando-se nos braços da vontade divina. São Francisco, falando dela, dizia que sua alma bendita era como um músico surdo que canta de modo excelente, mas não se alegra com sua voz, porque não a ouve. Quem, pois, acha-se na provação da aridez, embora se veja oprimido pela escuridão, não perca o ânimo. Confie no sangue de Jesus Cristo, resigne-se a sua divina vontade e diga assim:

> Jesus, minha esperança e único amor de minha alma, eu não mereço consolações. Dai-as a quem sempre vos amou. Eu mereci o inferno e aí estar para sempre abandonado, sem esperança de poder vos amar mais. Aceito, meu Salvador, todo sofrimento. Puni-me quando quiserdes. Não me priveis de poder vos amar. Tirai-me tudo, não a vós. Miserável como sou, amo-vos mais do que a mim mesmo e me entrego todo a vós. Não quero mais viver para mim mesmo. Dai-me força para vos ser fiel. Ó esperança dos pecadores, Virgem Santíssima, confio em vossa intercessão. Fazei-me amar meu Deus que me criou e redimiu.

40

A vida retirada

As almas que amam a Deus encontram seu paraíso na vida retirada onde estão longe do convívio humano. Conversar com Deus, separando-se das criaturas, não produz amargura ou tédio. *"Sua companhia não traz amargura, nem aflição seu convívio, mas sim contentamento e alegria"* (Sb 8,16).

Têm razão os mundanos em fugir da solidão, porque, estando ocupados nos divertimentos ou negócios terrenos não sentem muito no coração os remorsos da consciência: eles buscam conforto e distração nas conversas com os homens. Mas quanto mais tentam, mais espinhos e amarguras colhem.

Isto, porém, não sucede aos que amam a Deus: em sua retirada para Deus encontram uma deliciosa companhia que traz mais consolo e alegria do que a companhia de todos os amigos ou parentes e também dos grandes da terra. Dizia São Bernardo: *"Nunca me encontro menos sozinho do que quando sozinho"*. Porque agora encontro Deus que me fala e me acho mais atento para ouvi-lo e mais apto para unir-me a Ele. Nosso Salvador queria que seus discípulos, ainda que destinados a propagar a fé andando pelo mundo todo, deixassem, de quando em quando, o trabalho e se retirassem na solidão para estarem a sós com Deus. Por outro lado, sabemos que Jesus Cristo, quando vivia nesta terra, costumava enviá--los para diversos lugares da Judeia para converter os pecadores. Mas, depois dos trabalhos, não deixava de convidá-los a se retirarem em algum lugar solitário, dizendo-lhes: *"Vinde vós sozinhos para um lugar deserto e repousai um pouco. Pois eram muitos os que iam e vinham, nem tinham tempo para comer"* (Mc 6,31).

Se o Senhor pediu isto aos apóstolos, é preciso que também os operários sagrados de hoje se retirem, de quando em quando, à solidão para conservar o recolhimento com Deus e adquirir forças para depois trabalhar com maior vigor na conquista das almas.

Pouco ajuda às almas quem se empenha em favor do próximo com pouco zelo e pouco amor a Deus e tendo alguma intenção de amor próprio em adquirir honras e dinheiro. Por isso o Senhor diz a seus operários: *repousai um pouco*. Jesus não queria com isto dizer que os apóstolos fossem dormir, mas que repousassem entretendo-se com Deus, pedindo-lhe as graças necessárias para viver bem e adquirissem assim força para cuidar depois da saúde das almas. De outra forma, sem este repouso em Deus na oração falta o vigor para se dedicar ao próprio proveito e ao dos outros.

São Lourenço Justiniano, ao falar da vida retirada, dizia, com sabedoria, que ela deve ser sempre amada, mas não sempre conservada. Isto é, aqueles que Deus chama para converter os pecadores não devem estar sempre na solidão, fechados numa cela, que faltariam à vontade divina. Para obedecer-lhe, quando é Deus que chama, deve deixar a retirada, mas não devem nunca deixar de amar e desejar a solidão onde Deus mais facilmente se faz encontrar.

> Meu Jesus, pouco amei a vida retirada porque pouco vos amei. Andei procurando prazeres e consolo nas criaturas que me fizeram vos perder, bem infinito. Pobre de mim, que tantos anos mantive meu coração distraído, só pensando nos bens deste mundo e esquecido de vós! Favor, tomai este meu coração, já que o comprastes com vosso sangue. Inflamai-o de amor e possuí-o todo. Maria, rainha do céu, vós podeis obter-me esta graça. Eu a espero de vós.

41

O desapego das criaturas

Para se chegar a amar a Deus de todo o coração é preciso despojar-se de tudo o que não é Deus ou que não leva a Deus. Ele quer ser o único a possuir nosso coração. Não admite companheiros. E ele tem razão, pois é o único Senhor nosso que nos deu tudo. No mais, Ele é o único que nos ama sem interesse, unicamente por sua bondade. E que muito nos ama quer que o amemos de todo o nosso coração: *Amarás o Senhor teu Deus de todo o teu coração.*

Para isto duas coisas são necessárias: a primeira é expulsar todo afeto que não é para Deus ou não é segundo Deus. *"Seu eu soubesse* (dizia São Francisco de Sales) *que em meu coração existisse uma só fibra que não fosse de Deus, eu a arrancaria imediatamente.* A segunda, é a oração por meio da qual entra em nosso coração o santo amor. Mas se o coração não se esvaziar da terra, ele não pode entrar porque não há lugar para ele. Ao contrário, um coração despojado de todas as criaturas logo se inflama e cresce no amor divino a cada sopro da graça.

O puro amor, dizia ainda o santo bispo de Genebra, consome tudo aquilo que não é Deus para con-

157

verter tudo para si. Pois tudo o que se faz para Deus é amor de Deus. Oh! Como Deus é cheio de bondade e liberalidade com aquela alma que busca somente a Ele e sua vontade! *"O Senhor é bom para quem nele espera"* (Lm 3,25). Feliz de quem, vivendo ainda no mundo, pode de fato dizer com São Francisco: *"Meu Deus, meu tudo"* e ter assim em desprezo todas as vaidades do mundo: *"Por amor de meu Senhor Jesus Cristo desprezei toda a beleza do mundo"*.

Quando, pois, as criaturas desejam entrar em nosso coração para roubar aquele amor que devemos todo a Deus é preciso logo despedi-las, fechando-lhes a porta e dizendo: "Vão embora, vão se encontrar com quem vos procura; dei todo o meu coração a Jesus. Aqui não há lugar para vós!" E com esta resolução de não querer outra coisa, é preciso odiar o que o mundo ama e amar aquilo que o mundo odeia.

Para alcançarmos a perfeição do amor é preciso antes de tudo negar a nós mesmos, abraçando o que desagrada ao amor próprio e recusando tudo aquilo que ele pede. Agrada-me conservar aquele objeto: é preciso que eu o rejeite justamente porque me agrada. Aquele remédio não me agrada, porque é amargo: é preciso que eu o tome justamente porque é amargo. Não me agrada ajudar aquela pessoa que me foi ingrata: é preciso que eu ajude justamente porque me foi ingrata.

Diz mais São Francisco de Sales: também a virtude deve ser amada com despojamento. Por exemplo, deve-se amar a oração e a vida retirada.

158

Mas quando elas vêm impedidas pela obediência ou caridade é preciso deixar uma e outra, sem nos inquietar. Assim é preciso abraçar na paz tudo o que acontece por vontade de Deus. Feliz de quem deseja ou não deseja nada de antemão, só desejando o que Deus quer ou não quer. E por isso é preciso sempre pedir ao Senhor que nos faça encontrar paz em tudo o que Ele nos prescreve.

É certo que ninguém vive mais feliz no mundo do que aquele que despreza as coisas deste mundo e vive sempre em sintonia com a vontade de Deus. Por isso é bom renovar aos pés do Crucifixo muitas vezes ao dia, pelo menos na oração e na comunhão, a total renúncia de nós mesmos e de todas as nossas coisas, dizendo:

> Meu Jesus, eu não quero mais pensar em mim mesmo. Eu me entrego todo a vós. Fazei de mim o que vos aprouver. Sinto que tudo o que o mundo me oferece é vaidade e ilusão. De hoje em diante só a vós e vossa vontade eu quero buscar. Ajudai-me a vos ser fiel. Virgem Maria, rogai mim.

Ouçamos o cardeal Petrucci que, com poucos versos, descreve bem a loucura dos amantes deste mundo e a felicidade dos que amam a Deus:

> Este mundo instável e decaído
> é cenário de ruínas:
> seus costumes mais caros e suas alegrias
> têm aparência de felicidade, mas são tormentos.
> Mas, se seguis a Jesus, seus tormentos
> têm aparência de dor, mas são alegria.

159

42

A morte dos santos é preciosa

"*Epreciosa aos olhos do Senhor a morte de seus fiéis*" (Sl 113,15, Vulgata). Mas, por quê? Porque, responde são Bernardo, ela é tão rica de bens que merece ser comprada a qualquer preço.

Alguns que vivem muito agarrados a este mundo gostariam que não existisse a morte. Santo Agostinho diz: o que é viver muito tempo neste mundo senão longo sofrimento? São tantas as misérias e angústias que continuamente nos atormentam, diz Santo Ambrósio, que a morte parece um descanso e não um castigo.

A morte apavora os pecadores. Eles sabem que da primeira morte, estando no pecado, passaremos para a segunda que é eterna. Mas já não apavora as almas pias que, confiando nos méritos de Jesus Cristo, têm sinais bastante seguros de estarem moralmente na graça de Deus. Por isso aquele "*Parte, alma cristã, deste mundo*" que tanto atormenta os que morrem contra sua vontade, não aflige, porém, os santos que despojaram o coração dos amores terrenos e sempre disseram com verdadeiro afeto: *Meu Deus e meu tudo*.

160

Para estes a morte não é tormento, mas repouso das aflições sofridas no combate contra as tentações e sedativo dos escrúpulos e temores de ofender a Deus. Para eles se confirma o que diz São João: *"Felizes os mortos que morrem no Senhor, diz o Espírito, para descansarem de seus trabalhos"* (Ap 14,13). Quem morre amando a Deus já não se perturba com as dores que acompanham a morte, mas antes se compraz nelas, oferecendo-as como últimas coisas de sua vida. Oh! que paz prova aquele que morre abandonado aos braços de Jesus Cristo que escolheu para si uma morte amarga e desolada a fim de nos obter uma morte suave e resignada!

> Ó meu Jesus, sois meu juiz! Sede ainda meu Salvador que morrestes para me salvar. Desde meu primeiro pecado eu merecia ser condenado ao inferno. Mas vós, por vossa misericórdia, destes-me uma grande dor de meus pecados. Por isso estou certo de que me perdoastes. Eu não merecia mais vos amar, mas, com vossos dons, vós me atraístes a vosso amor. Se quereis que com esta doença me venha a morte, eu a aceito de boa vontade. Já sinto que mereço entrar logo no paraíso. Vou contente ao purgatório para sofrer o quanto desejais. Aí meu sentimento maior será o de estar distante de vós, suspirando por vos ver e vos amar face a face. Portanto, meu amado Salvador, tende piedade de mim.

E o que é a vida presente senão estar em contínuo perigo de perder a Deus? Santo Ambrósio nos diz que caminhamos entre armadilhas e ciladas dos inimigos que procuram fazer-nos perder a graça divina. Toda vez que soava o relógio Santa Teresa agradecia a Deus por ter passado mais uma hora de combate e de perigo, sem pecar. Por isso diante da notícia da morte sentiu tanto consolo ao pensar que se acabavam as batalhas e chegava o tempo de ir ver seu Deus.

Nesta vida não se pode viver sem defeitos. Este é o motivo que também leva as almas que amam a Deus desejar a morte. Este pensamento alegrava o padre Vicente Carafa na hora da morte. Ele dizia consigo mesmo: "Agora que termino a vida, termino também de dar desgosto a Deus". Certo homem de bem ordenou a seus assistentes que em sua morte lhe repetissem mais vezes esta frase: *"Consolai-vos, que se aproxima o tempo em que não mais ofendereis a Deus".*

E o que é este corpo senão um cárcere onde a alma vive aprisionada, não podendo sair para se unir a Deus? São Francisco, ao morrer, exclamava: *"Tira-me desta prisão, Senhor, para que eu dê graças a teu nome"* (Sl 142,8). Senhor, libertai-me deste cárcere que me impede de vos ver. Ó amável morte, quem será que não vos deseja uma vez que sois o fim dos sofrimentos e o começo da vida eterna? São Piônio, mártir, aproximando-se do patíbulo, demonstrava tão grande alegria que os presentes, maravilhados com tanta alegria, pediram-lhe como poderia

162

estar tão alegre sendo que a morte se lhe aproximava. Respondeu-lhes: *"Estais enganados. Não vou para a morte, mas para a vida"*[27].

> Meu dulcíssimo Jesus, eu vos agradeço não me terdes feito morrer quando fora de vossa graça e me terdes arrebatado meu coração com tantas finezas. Pensando nos desgostos que vos dei, desejaria morrer de dor. Esta minha alma que já estava perdida eu a entrego em vossas mãos: Em vossas mãos entrego meu espírito. Lembrai-vos que vós a redimistes com vosso sangue: "Vós me redimistes, Deus da verdade". Eu vos amo, bondade infinita e desejo sair logo desta vida para ir amar-vos com amor mais perfeito, lá no céu. E, enquanto estiver nesta terra, fazei-me conhecer sempre mais a obrigação que tenho de vos amar. Meu Deus, aceitai-me. Dou-me inteiramente a vós e em vós confio, pelos méritos de Jesus Cristo. Confio também em vossa intercessão, ó Maria, minha esperança!

---

[27] "Erratis, non ad mortem, sed ad vitam contendo", Ap. *Euseb.* l. 4. c. 14.

43

A tibieza

Há duas espécies de tibieza: uma inevitável e outra que pode ser evitada. A inevitável é aquela em que as almas espirituais caem, sem plena vontade, em alguma culpa leve e que pela fragilidade natural não podem evitar a queda. Desta fraqueza ninguém está imune, por causa da natureza corrompida pelo pecado original, a não ser por uma especialíssima graça concedida apenas à Mãe de Deus. O próprio Deus permite estas manchas em seus santos para conservá-los humildes. Não raras vezes eles se encontram sem fervor, com tédio e sem vontade em seus exercícios de devoção. Neste tempo de aridez são mais fáceis em cair em muitas faltas, pelo menos involuntárias. Quem está nesta situação não deixe suas devoções costumeiras, nem desanime e nem se julgue em tibieza, porque isto não é tibieza. Prossiga seus exercícios costumeiros, deteste as faltas e renove sempre a resolução de ser inteiramente de Deus, e tenha confiança nele que Ele o consolará. A verdadeira e deplorável tibieza é quando a alma cai em pecado venial plenamente voluntário e dele pouco se arrepende e muito menos se empenha em evitá-lo, dizendo serem coisas de nada. Como? Dar desgosto a Deus é coisa de nada? Dizia Santa Teresa a suas monjas: *"Filhas, Deus vos livre do pecado consentido, por menor que seja"*.

Dizem: estes pecados não nos privam da graça de Deus. Quem assim pensa está em grande perigo de se ver um dia privado da graça divina, em pecado mortal. Escreve São Gregório que quem cai em pecado venial deliberado e costumeiro, sem se arrepender e sem pensar em se emendar, não fica onde cai, mas caminhará até o precipício. As doenças graves não provêm sempre de graves desordens, mas de muitas desordens leves e contínuas. E assim a queda de certas almas em pecados graves normalmente deriva de pecados veniais reiterados. Eles deixam a alma tão fraca que, quando assaltada por forte tentação, não tem força para resistir e cai.

"Quem despreza as coisas pequenas, aos poucos cairá" (Ap 19,1). Quem não se importa com as pequenas quedas um dia cairá facilmente em algum precipício. Diz o Senhor: *"Porque és morno, nem frio nem quente, estou para vomitar-te de minha boca"* (Ap 3,16). Ser vomitado por Deus significa ser abandonado por Ele ou ao menos privado de ajudas divinas especiais, necessárias para nos conservar em graça.

Precisamos entender bem este ponto. O Concílio de Trento condena quem diz que se pode perseverar na graça sem a ajuda especial de Deus[28]. Esta ajuda especial Deus não concede a quem, sem mais nem menos, comete muitos pecados veniais. Seria Deus obrigado a dar esta ajuda especial a quem não se abstém de desgostá-lo continua e voluntariamente? *"Quem pouco semeia, pouco também colhe"* (2Cor 9,6). Se somos avarentos com Deus, como podemos esperar que Deus seja abundante conosco?

Pobre daquela alma que faz as pazes com o pecado, ainda que venial! Ela irá sempre de mal a pior, pois as paixões, ganhando sempre mais forças nela, facilmente a cegarão. E quando alguém é cego fica mais fácil cair, quando menos se pensa, em algum precipício. Tenhamos medo de cair na tibieza! A tibieza voluntária é como a febre héctica[29] que não só é preocupante, mas também tão maligna que dificilmente se cura.

De resto, ainda que seja muito difícil um tíbio se emendar, pelo menos ele terá a seu alcance os remédios que são: 1) decidir-se a sair a todo custo deste estado miserável; 2) remover as ocasiões das quedas. Doutra forma não há esperança de emenda; 3) recomendar-se sempre a Deus, pedindo forças para sair desta deplorável situação e não deixar de rezar até que se liberte.

---

[28] "Si quis dixerit, iustificatum vel sine speciali auxilio Dei in accepta iustitia perseverare posse, anathema sit": Sess. 6, c. 13, can. 22.

[29] Febre héctica (do grego *ecticos, habitual*) está relacionada com uma doença geralmente contínua e debilitante, típica da tuberculose pulmonar.

Senhor, tende piedade de nós! Sinto que já mereço ser vomitado por vós, por causa de tantas faltas. Miserável, que me vejo sem amor, sem confiança e sem desejos. Meu Jesus, não me abandoneis! Estendei vossa mão poderosa e tirai-me deste fosso de tibieza em que me vejo caído. Fazei-o pelos méritos de vossa paixão em que confio. Virgem santa, vossas orações podem consolar-me. Rogai por mim!

44

Pureza de intenção

A pureza de intenção consiste em realizar as coisas somente para agradar a Deus. Jesus nos diz que uma ação é boa ou má aos olhos de Deus segundo a intenção com que se faz. *"Se o olho for são, todo o corpo será luminoso. Mas se o olho estiver doente, todo o corpo estará na escuridão"* (Mt 6,22-23). O olho são significa a intenção pura de dar gosto a Deus. O olho doente significa a intenção não reta: quando se age por vaidade ou para agradar a nós mesmos.

Haverá ato mais sublime do que dar a vida pela fé? São Paulo diz que quem morre com outra intenção, de nada adianta seu martírio. Ora, se até o martírio de nada serve, se não for para agradar a Deus, que valor têm todas as pregações, todos os livros e todas as fadigas dos operários sagrados e também todas as macerações dos penitentes, se feitas para recolher o louvor dos homens ou simplesmente porque nos agradam? O profeta Ageu diz que as obras, mesmo as santas, se não forem feitas por Deus, estão numa bolsa furada (Ag 1,6): daí tudo escapa e nada fica. Por outro lado, as ações feitas para dar gosto a Deus, mesmo de pouco valor, valem mais do que

168

muitas obras feitas sem reta intenção. São Marcos fala daquela viúva pobre que depositou no cofre do templo duas moedas apenas. Dela, porém, disse Jesus: *"Esta viúva deu mais do que todos os que depositaram no cofre"* (Mc 12,41). São Cipriano explica que deu mais do que todos os outros porque deu com a reta intenção de agradar a Deus.

Um dos melhores sinais para se verificar se alguém age com reta intenção é se, quando a ação não tem o efeito que desejava, ele não se perturba de forma alguma. Outro bom sinal é quando alguém faz uma ação e, embora seja criticado ou colha a ingratidão, permanece contente e tranquilo. Se acontecer que alguém seja louvado por alguma obra não se inquiete pensando já em vanglória. Quando ela vier, diga com São Bernardo: *"Eu não a comecei por causa de ti, nem por causa de ti a deixarei"*.

Fazer alguma coisa para adquirir mais glória no céu é finalidade boa; mas a mais perfeita é para dar glória a Deus. Convençamo-nos que quanto mais nos despojamos dos próprios interesses, tanto mais o Senhor nos enriquecerá de alegria no paraíso. Feliz de quem age só para glorificar a Deus e fazer sua vontade! Imitemos o amor dos santos que, ao amá-lo, outra coisa não buscavam senão lhe agradar. Diz São Crisóstomo: se conseguirmos dar gosto a Deus, o que mais vamos procurar? A pureza de intenção é o olhar que fere de amor o coração de Deus para conosco, como disse Ele à sagrada esposa: *"Arrebentaste meu coração com um só de teus olhares"* (Ct 4,9).

169

Este olhar significa o único fim que as almas esposas têm em todas as suas ações: o de dar gosto a Deus. Assim aconselhava o apóstolo: *"Quer comais, quer bebais, quer façais qualquer outra coisa, fazei tudo para glória de Deus"* (1Cor 10,31). Dizia a venerável Beatriz da Encarnação, primeira filha de Santa Teresa: *"Não há preço com que se possa pagar alguma coisa, ainda que mínima, feita Deus"*. E com razão, porque todas as coisas feitas por Deus são atos de amor divino. A pureza de intenção torna preciosas as menores ações como comer, trabalhar, recrear-se, quando feitas por obediência e para dar gosto a Deus.

É preciso, pois, já de manhã, endereçar a Deus todas as obras do dia. É de muito proveito também renovar esta intenção no começo de todas nossas ações, pelo menos, das mais importantes, como a oração, a comunhão, a leitura espiritual. Imitemos São Romito que, antes de iniciar qualquer coisa, elevava os olhos ao céu e assim permanecia. Perguntado o que fazia, respondeu: *"Procuro acertar o alvo"*.

> Meu Jesus, e eu? Quando começarei a vos amar de verdade? Pobre de mim, quando busco entre minhas obras alguma feita só para vos agradar, não a encontro! Por favor, tende piedade de mim! Não permitais que eu vos sirva de forma tão má até a morte. Ajudai-me, para que eu gaste a vida que me resta servindo-vos e amando-vos. Fazei que eu vença tudo para vos dar gosto e tudo faça para vos agradar. Suplico-vos pelos méritos de vossa paixão. Maria, minha grande advogada, obtende-me, com vossas orações, esta graça.

45

Desejo do Céu

Feliz de quem se salva, e deixando este lugar de exílio, entra na Jerusalém celeste para gozar aquele dia que será sempre dia e sempre alegre, livre de toda moléstia e de todo temor de ficar privado desta imensa felicidade!

Jacó dizia: *"130 são os anos de minha peregrinação. Poucos e difíceis foram os anos de minha vida"* (Gn 47,9). O mesmo se pode dizer de nós, pobres peregrinos neste mundo, sofrendo as dificuldades de nosso exílio, afligidos pelas tentações, angustiados pelas paixões e atormentados pelas misérias e mais, pelos perigos de nossa salvação eterna. Tudo isto nos faz entender que esta não é nossa pátria, mas terra de exílio onde Deus nos faz merecer com o sofrimento a sorte de entrar um dia na pátria feliz.

Vivendo assim, desprendidos desta terra, devemos suspirar sempre pelo paraíso, dizendo:

> Quando será, Senhor, que me verei livre de tantas angústias e não pensarei mais senão em vos louvar e amar-vos? Quando será que vós sereis tudo em todas as coisas, como escreve o apóstolo (cf. 1Cor 15,28)? Quando gozarei daquela

paz estável, imune de toda aflição e perigo de perder-me? Quando, meu Deus, me verei absorto em vós, contemplando vossa beleza face a face, sem véu? Quando, enfim, meu Criador, chegarei a possuir-vos de forma que possa dizer-vos: meu Deus, não posso vos perder mais? Senhor, enquanto me vedes exilado e atribulado nesta terra de inimigos, onde devo estar em contínuas guerras internas, socorrei-me com vossas graças e consolai-me nesta peregrinação tão difícil. Vejo agora que de tudo o que o mundo me apresenta nada pode me trazer paz e contentamento. Mas, se faltar vosso auxílio, temo que os prazeres terrenos e as inclinações más me arrastem para algum precipício.

Vendo-me exilado neste vale gostaria pelo menos de sempre pensar em vós, meu Deus, e gozar da alegria infinita que gozais; mas os maus apetites dos sentidos sempre gritam dentro de mim e me perturbam. Gostaria de manter meus afetos sempre ocupados em vos amar e agradecer. A carne, porém, arrasta-me para comprazer no deleite sensual. Assim, sou levado a exclamar com São Paulo: "Infeliz de mim! Quem me livrará deste corpo de morte?" (Rm 7,24). Ai de mim, que sempre devo combater não só com meus inimigos externos, mas comigo mesmo. Torno-me, assim, um peso e um incômodo para mim mesmo (cf. Jó 7,24, Vulgata). Quem, pois, me livrará do corpo desta morte, isto é, do perigo de cair em pecado? Este temor me é morte contínua que me atormentará a vida toda? "Ó Deus, não fiques longe de mim! Deus, vem depressa socorrer-me!" (Sl 70,20). Meu Deus, não vos distancieis de mim, porque se o fizerdes, temo desgostar-vos. Antes, aproximai-vos mais de mim com vosso socorro poderoso. Socorrei-me sempre para que possa resistir aos insultos de meus adversários. Davi diz que vós estais perto, dando a santa paciência a todos aqueles que têm o coração atribulado, isto é, internamente aflitos: "O Senhor está perto dos corações atribulados e salva os espíritos abatidos" (Sl 34,19). Ficai, pois, a meu lado e dai-me a paciência necessária para superar tantos males que me atormentam. Quantas vezes me ponho a rezar e pensamentos inoportunos me tiram de vós e me distraem com mil ninharias! Dai-me forças para despedi-los, quando me entretenho convosco e de crucificar todas as más inclinações que me impedem de unir-me a vós. E tirai-me, eu vos suplico, esta grande repugnância que sinto em abraçar com paz tudo o que não é de acordo com meu amor próprio.

Ó casa de meu Deus, equipada para aqueles que o amam, eu vos desejo desta terra de misérias: "Se eu me extraviar como ovelha desgarrada, vem em busca de teu servo" (Sl 118,176). Ó meu amado Pastor que subistes ao Céu para buscar e salvar as ovelhas perdidas, uma delas sou eu. Voltei-vos as costas e me perdi. Vem em busca de teu servo! Senhor, buscai-me, não me abandoneis como mereço. Buscai-me e confortai-me. Tomai-me e levantai-me, tomai-me e colocai-me sobre vossos ombros para que não mais vos deixe.

Ao mesmo tempo que desejo o paraíso, o inimigo me apavora com a lembrança de meus pecados. Mas, ao vos ver crucificado, consola-me e me anima a esperança de ir um dia amar-vos face a face, em vosso reino feliz. Rainha do paraíso, continuai sendo minha advogada. Pelo sangue de Jesus Cristo e por vossa intercessão tenho a firme esperança de salvar-me.

Desejo do paraíso

Pátria bela, onde o amor
em recompensa ao amor se dá
e vosso amável Senhor
sem véu se mostra.
Quando me será dado um dia
ver em vós meu Deus?
Quando? Quando?
Minha alma continua suspirando por vós![30]

---

[30] Estrofe da canção de Afonso: *Alma que suspira pelo paraíso.*

ÍNDICE

Introdução 3
1. O pensamento da eternidade 5
2. Somos peregrinos sobre a terra 9
3. Deus merece ser amado sobre
   todas as coisas 13
4. Para tornar-se santa uma alma necessita
   dar-se inteiramente a Deus 17
5. Os dois grandes meios de santificação:
   desejo e resolução 21
6. Da ciência dos santos 25
7. Nossa salvação depende da oração 29
8. Um dia haverei de morrer 35
9. Preparação para a morte 39
10. Quem ama a Deus não deve
    temer a morte 42
11. A Cruz de Jesus é a nossa salvação 46
12. Quanto agrada a Jesus Cristo
    sofrer por seu amor 51
13. O amor de Deus vence tudo 56
14. Necessidade da oração mental 60
15. Finalidade da oração mental 64
16. A misericórdia de Deus 69
17. A confiança em Jesus Cristo 74
18. Só a salvação é necessária 78
19. A perfeita resignação à vontade de Deus 81

20. Feliz quem é fiel a Deus nas adversidades............86

21. Quem ama a Jesus deve detestar o mundo...........90

22. O agonizante falando com o Crucificado.............93

23. Oração por uma boa morte.................................96

24. A morada eterna 100

25. Quem ama a Deus deseja ir vê-lo no céu...........103

26. Jesus é o bom pastor 106

27. O problema da salvação eterna 109

28. A alegria dos bem-aventurados........................112

29. O inferno é o tormento de ter perdido Deus 115

30. O desprezo do mundo 119

31. Amor à solidão...123

32. Solidão do Coração...126

33. O paraíso é ver e amar a Deus no céu.................130

34. A oração diante do Santíssimo

Sacramento do Altar.......................................134

35. Só em Deus se encontra a verdadeira paz..........138

36. Deus como nosso único fim 141

37. Sofrer tudo para agradar a Deus.......................144

38. Feliz de quem só deseja a Deus 146

39. A aridez de espírito...150

40. A vida retirada 154

41. O desapego das criaturas.................................157

42. A morte dos santos é preciosa 160

43. A tibieza 164

44. Pureza de intenção 168

45. Desejo do Céu..171